DERNIERS SOUVENIRS

DE

CHARLES DU COËTLOSQUET.

*Lætatus sum in his quæ dicta sunt mihi :
in domum Domini ibimus.*

*Stantes erant pedes nostri in atriis tuis,
Jerusalem.*

(Ps. 121.)

2 NOVEMBRE 1852.

DERNIERS SOUVENIRS

DE

CHARLES DU COËTLOSQUET.

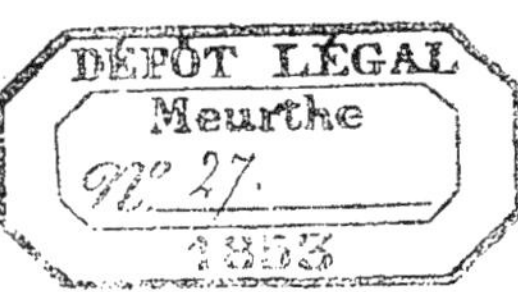

*Lætatus sum in his quæ dicta sunt mihi :
in domum Domini ibimus.*

*Stantes erant pedes nostri in atriis tuis,
Jerusalem.*

(Ps. 121.)

Ceci n'est point une publication ; c'est, pour quelques parents et amis, une simple copie de pages intimes, écrites de Terre-Sainte par un pieux et regretté pèlerin. Ou plutôt, ce n'est qu'une réponse au vif désir manifesté par plusieurs d'entre eux à la famille du Coëtlosquet, d'avoir part aux consolations que ces pages, si chrétiennes, ont apportées, dans leur malheur, à des frères et sœurs, à des neveux et nièces désolés. Telles elles furent écrites dans l'effusion de l'amitié fraternelle, dans la simplicité d'un cœur qui alors ne soupçonnait guère le prix que la mort allait attacher pour les siens à ces communications dernières, telles on les livre, non pas au public, — c'est bien entendu, — mais à ceux des parents et amis éloignés, qui, ne pouvant tous avoir les originaux sous lés yeux, en demandent la reproduction fidèle.

De toutes les études auxquelles s'était livré dès sa jeunesse, on peut même dire dès son enfance, le comte Charles du Coëtlosquet, aucune n'avait été pour lui plus habituelle et plus pleine de charmes, que celle de l'Écriture sainte : cette étude avait rempli sa vie ; elle avait, en fortifiant sa foi, fait naître et entretenu chez lui le projet d'un pèlerinage aux Lieux Saints. A combien d'années remontait ce pieux désir, et quelle en était l'ardeur? Dans quel esprit et dans quel but devait être entrepris ce voyage si mûrement préparé? C'est ce que savent déjà tous ceux qui ont connu dans l'intimité l'ami qu'ils pleurent maintenant; c'est ce qu'indiquent d'ailleurs, mieux que nous ne saurions le faire, les lignes suivantes, déjà vieilles de date, et retrouvées, après sa mort, dans les papiers du cher pèlerin.

« *Octobre 1836.* — Il n'y a rien, pour un chrétien, de plus précieux que les souvenirs qui se rattachent aux lieux illustrés par l'un des grands mystères de la religion. Si la simple lecture de la Bible, et surtout des Évangiles, a tant de charmes pour le disciple de Jésus-Christ, que doit-il en être de celui qui est assez heureux pour pouvoir suivre pas à pas les traces de son divin Maître durant sa vie mortelle, depuis la grotte où il est né dans une étable, jusqu'à la colline où il a expiré sur une croix ; de celui à qui il est donné de fouler la terre sur laquelle l'Homme-Dieu *passait en faisant le bien!* Je ne concevrai jamais qu'un homme qui est chrétien par la foi aussi bien que par le nom, n'ait pas senti, au moins une fois dans sa vie, quelque vague désir de visiter les *Lieux Saints.* Ce désir me poursuit depuis bien des années ; et, s'il ne m'est pas permis de le satisfaire, il me poursuivra, je le sens, jusqu'au terme de ma carrière terrestre....

» .... A côté du plaisir de visiter soi-même ces lieux célèbres, il en est un, qui, à un degré bien inférieur sans doute, ne laisse pas que d'avoir aussi son charme et ses douceurs : c'est celui de les voir à l'aide des yeux d'un voyageur qui les peint fidèlement, et par la description exacte qu'il en donne et surtout par le récit de l'impression morale qu'ils ont produite sur son âme ; d'assister, s'il est permis de parler ainsi, aux pensées, aux sentiments que leur présence lui a inspirés, de s'en pénétrer, de s'identifier en quelque sorte avec lui. C'est ce dernier genre de plaisir que m'a fait connaître le P. de Géramb : avec lui, j'ai passé successivement en revue Jérusalem, le Jourdain, Bethléem et Nazareth, la Mer Morte et le lac de Tibériade, le Thabor, le Sinaï et le Calvaire ; avec lui, je me suis plu à réciter le Décalogue, la Salutation angélique, l'Oraison dominicale, le Symbole des Apôtres, etc...., à mesure qu'il me conduisait sur les lieux où ces magnifiques formules de la Loi de Crainte et de la Loi d'Amour ont été prononcées pour la première fois ; et il me semblait que ma foi devenait plus vive, et que mon âme s'élançait avec plus d'ardeur vers le Ciel.....

« *Décembre 1847.* — Dans le courant de l'été dernier, j'ai lu ou relu beaucoup de Voyages en Terre-Sainte ; j'en ai fait de nombreux extraits, classés dans un ordre méthodique. S'il m'est donné quelque jour de suivre l'attrait, instinctif en quelque sorte, qui me pousse vers cette contrée, et qui, bien ancien déjà, loin de s'affaiblir en moi, semble au contraire prendre de nouvelles forces avec les années, — ce travail préliminaire m'aura été utile. Si, au contraire, il en est de cette douce perspective comme de tant d'autres, qui se résument en ces deux mots : *illusions, déceptions,* ç'aura été du moins une manière de *voyager sur le papier,* et celle-là ne laisse pas que d'avoir ses charmes. Au moment de partir pour la Terre-Sainte, M. de Lamartine traçait quelques pages qui m'ont fait faire un retour sur moi-même. Il y parle de son enfance, de l'époque à laquelle sa mère lui apprenait à lire dans une Bible de

Royaumont. Les gravures du livre, les récits et les commentaires qui accompagnaient la leçon, lui avaient fait, dit-il, concevoir, dès l'âge de huit ans, le désir d'aller visiter « ces montagnes où Dieu » descendait,.... ces fleuves qui sortaient du Paradis terrestre, ce » ciel où l'on voyait descendre et monter les anges, sur l'échelle » de Jacob. »

» Et moi aussi, non seulement je vénère profondément, mais j'aime de toute l'affection dont mon cœur est capable, les souvenirs et les traditions de la Bible, et *surtout* de l'Evangile. Et moi aussi, je suis poursuivi depuis longtemps par un désir vif et ardent de voir les lieux consacrés, sanctifiés par les grandes et merveilleuses actions racontées dans nos livres saints. Est-il sentiment plus naturel que celui-là, pour quiconque sent battre dans sa poitrine un cœur chrétien?.....

» La distinction que fait quelque part M. Marmier entre les deux classes de voyageurs en Terre-Sainte, — les *pèlerins* et les *touristes*, — est parfaitement juste. Pour mon compte, c'est à la première, et *à elle seule*, que je voudrais appartenir. D'une part, je ne me contenterais certainement pas, comme plusieurs autres l'ont fait, d'une visite rapide dans les Lieux saints *par excellence* (Jérusalem, Bethléem, Nazareth); je voudrais m'y arrêter long-temps, y relire nos saintes Ecritures, y méditer beaucoup, et, par cette méditation appuyée sur la prière, essayer d'en revenir un peu meilleur que je n'y serais entré : or cela ne serait pas l'affaire de quelques jours, ni peut-être même de quelques semaines. D'un autre côté, j'aimerais à prendre ces lieux pour points de départ de quelques excursions dans les différentes parties de la Palestine; à parcourir ces contrées de la Judée, de la Samarie, de la Galilée, où Jésus a passé sa vie. Entre tous ces sites, il en est un surtout pour lequel il me semble que j'aurais une prédilection toute par-ticulière : c'est le lac de Génézareth et la vallée dont il occupe le centre. Que d'actions admirables et miraculeuses, que de touchantes et sublimes paroles rappelle le nom que je viens de prononcer....!

» .... Il me reste à expliquer en peu de mots comment je conçois le voyage que je médite. Ce n'est point proprement ce qu'on entend par l'expression usitée de *Voyage d'Orient*, laquelle embrasse et Constantinople, et les vastes contrées de la Grèce, de l'Archipel, de l'Asie Mineure, de telle sorte que la *Terre-Sainte* n'occupe, pour ainsi dire, qu'un coin du tableau. Pour moi, elle serait mon but principal, je dirais mon but exclusif, si je n'avais l'intention de faire entrer dans mon plan de campagne quelques contrées circonvoisines.....

» Tout cela, dira-t-on peut-être, est fort beau en perspective; mais, après tout, ce n'est qu'un rêve, rien de plus. Eh! que font, je le demande, la plupart des hommes ici-bas, sinon de rêver? Tel rêve places, dignités, honneurs, gloire, renommée; tel autre, richesses, acquisitions, spéculations heureuses, héritages : à bien prendre, mon rêve ne vaut-il pas ceux-là?.... Ce rêve m'a déjà fait passer quelques douces heures sur la terre; de bonne foi, y a-t-il quelque chose de plus au fond de ce que le monde appelle des *réalités?*....

» Un voyage lointain comme celui de Palestine est assurément un de ceux pour lesquels la société d'un ami me paraîtrait le plus désirable. Et pourtant, dussé-je être seul à le faire, je sens en moi quelque chose qui me dit que, si Dieu m'accorde encore quelques années à passer sur cette terre, je ne mourrai pas sans l'avoir entrepris. »

Le *rêve* s'était réalisé!.... Au lieu de l'ami qu'il cherchait pour entreprendre le voyage, Charles du Coëtlosquet en avait trouvé deux : — M. Wonner, le respectable curé de la paroisse Notre-Dame, de Metz, dont la société lui fut si constamment douce et précieuse, jusqu'au jour où, rappelé par les occupations du saint ministère, il dut hâter son retour en France ; — et M. Emile Gentil, auquel la Providence réservait le douloureux devoir de fermer les yeux à son compagnon, à son ami. Elle réservait aussi à tous les membres de la famille absente la consolation d'avoir trouvé dans l'excellent cœur, dans le dévouement éclairé de ce digne jeune homme, un ensemble de soins tels que n'aurait pu mieux les rendre, à leur bien-aimé frère et oncle, le fils le plus affectionné.

Réunis dans une communauté de sentiments, de pieuse joie, de chrétiennes espérances, les trois voyageurs quittèrent Metz et Nancy, le 17 août 1852 ; le 21, ils étaient à Marseille ; ils s'embarquaient, le 23, à bord du *Louqsor*, d'où fut écrite, dès le surlendemain du départ, la première des pages que voici (1) :

A bord du Louqsor, 25 août, jour de saint Louis,
en vue des côtes de Sicile.

De Marseille ici notre navigation a été très-heureuse ; le premier jour cependant, je n'ai pas échappé au mal de mer, qui s'est dissipé dans la matinée d'hier, le calme étant venu, à la suite d'un assez fort roulis. Hier, à la pointe du jour, nous avons aperçu les côtes du midi de la Corse, et la ville de Bonifacio, où je croyais aller quand je suis parti pour cette île en 1839. Après avoir traversé le détroit, nous avons, pendant le reste de la journée, côtoyé la Sardaigne, qui pré-

____

(1) Les membres de la famille qui habitent la Bretagne ont eu naturellement, comme ceux de Lorraine, une large part dans les pensées du voyageur ; mais les lettres à eux adressées contenant, à peu de chose près, les mêmes détails que celles qu'on va lire, on a dû, pour éviter les répétitions, se dispenser de les reproduire ici.

sente une suite d'aspects très-pittoresques. Nous venons de passer à côté d'une petite île déserte, nommée Maritimo, dans laquelle se trouve, sur un rocher, une prison d'état, et nous apercevons, à notre gauche, les côtes fertiles de la Sicile, couvertes d'habitations, entre lesquelles on nous a signalé la ville de Marsala, renommée pour ses vins. Rien de remarquable dans notre navigation, si ce n'est que nous avons vu ce matin, à quelque distance, une trombe marine. Nous voyageons d'une manière tout à fait confortable. Le paquebot, qui est mixte, (c'est-à-dire à vapeur et à voiles,) est très-vaste; on peut marcher en ligne droite, de l'avant à l'arrière, environ 75 pas, et nous ne sommes à bord que dix passagers, avec l'équipage, composé en tout de 48 hommes. Le capitaine, qui est originaire des environs de Landerneau, est un vrai type de marin; nous n'avons qu'à nous louer de lui; impossible aussi d'être plus prévenant et plus attentif que le sont les deux maîtres d'hôtel. Mon lit de camp est déployé sur l'arrière; c'est là que nous nous tenons le plus habituellement. Nous passons la plus grande partie de la journée à lire; je comptais écrire beaucoup, mais je crois que je me bornerai à une ou deux lettres, que je jetterai à la poste à Malte, car ma main n'est pas bien ferme, et vous vous en apercevrez. On nous dit que nous serons à Malte demain matin vers six heures; par conséquent, nous aurons une douzaine d'heures à y passer, car on n'en repart jamais avant le soir.

Malte, jeudi 26. — Aussitôt débarqués, nous sommes allés à l'église Saint-Jean, édifice remarquable, qui renferme les tombes d'une trentaine de grands maîtres.

M. le curé y a célébré le Saint-Sacrifice. Puis, nous avons fait, dans un *corricolo*, une promenade de cinq heures à la Citta Vecchia, ancienne capitale de l'île, où l'on voit une chapelle souterraine taillée dans le roc, et qui est, suivant la tradition, la grotte où saint Paul a prêché l'Evangile pendant trois mois : (voir le dernier chapitre des Actes des Apôtres). Au retour, nous nous sommes arrêtés dans un village nommé Mosta, où l'on construit une église copiée sur le Panthéon de Rome. Nous avons terminé par une visite au palais des Grands Maîtres. Nous retournons tout à l'heure à bord du paquebot.

En rade d'Alexandrie, mardi 31 août.

Nous sommes arrivés ici hier, vers 3 heures de l'après-midi, après une navigation qui, depuis Malte, n'a offert aucun incident remarquable. Pendant ces quatre journées on n'aperçoit que le ciel et l'eau, si ce n'est une côte avancée de l'Afrique, qui s'offre à la vue dans le lointain, pendant quelques heures.... Nous avons le bonheur de jouir d'une température fort douce pour cette contrée, l'air étant constamment rafraîchi par une brise de mer. Nous restons ici sur le *Louqsor*, jusqu'à l'arrivée du *Mentor*, qu'on attend après-demain, et sur lequel nous devons, le lendemain matin, faire voile pour Beyrouth. Il ne nous est pas permis de toucher la terre, à peine de nous voir, par mesure sanitaire, interdire la navigation pour la Syrie. On ne prendra ici aucun passager ; nous avons à bord deux Turcs pour empêcher toute communication de la ville avec le bâtiment, jusqu'à ce que nous l'ayons quitté. Nous avions recruté à Malte une quinzaine de nouveaux passagers : maintenant nous ne sommes plus que cinq à bord ; les deux derniers restés avec nous sont un religieux Antoniste d'un couvent du mont Liban, et M. Bray de Buysère, habitant Dunkerque, qui doit descendre à Jaffa, et aller tout droit à Jérusalem, pour ensuite revenir ici. Nous le pressons beaucoup de nous accompagner jusqu'à Beyrouth, et de s'associer à nous pour le reste du voyage, car c'est un homme excellent : il a jusqu'ici résisté à toutes nos instances.

Mercredi 1ᵉʳ septembre, à 10 heures. — Pendant que nous déjeunions sur le tillac, le *Mentor* a mouillé près de nous. Nous serons transbordés dans la journée, mais pour n'appareiller que demain soir ou après-demain matin. J'espère trouver, à bord du *Mentor*, divers renseignements sur la Syrie et la Palestine : il me tarde, pour ce motif, de changer de bâtiment, et pourtant ce n'est pas sans quelque regret que je quitterai celui-ci, où nous avons été parfaitement traités sous tous les rapports.

A bord du *Mentor,* en rade de Jaffa,
samedi 4 septembre 1832.

Depuis Alexandrie, nous avons eu une mer unie comme une glace : toutes les santés parfaites. Au point du jour, nous avons aperçu, au levant, deux lignes à peu près parallèles : la première était la côte de Syrie ; la seconde, les montagnes de Judée, qui s'élèvent à quelques lieues au-delà de celle-ci. Bientôt nous distinguons, devant nous, une colline de forme ronde, s'avançant sur la mer ; c'était Jaffa, qui présente un aspect des plus pittoresques ; cette ville n'a point de port, ni même proprement de rade ; nous mouillons à quelque distance du rivage, sur les 7 heures ; une heure après, nous avions la permission de descendre à terre....

Le couvent des Franciscains est situé tout près du lieu du débarquement ; nous y avons trouvé plusieurs voyageurs qui allaient partir avec nous pour Beyrouth, entre autres M. Botta, consul de France à Jérusalem, et M. l'abbé d'Equevauvilliers, chancelier du Patriarche ; j'avais, pour l'un et pour l'autre, des lettres de recommandation que je leur ai remises ; notre traversée jusqu'à Beyrouth va être fort agréable. Nous mouillerons peut-être ce soir pendant une heure à Caïffa, qui est au pied du mont Carmel ; je viens d'écrire une lettre au Frère Charles, pour lui annoncer ma visite dans quinze jours ou trois semaines. Une rencontre singulière que j'ai faite à Jaffa, est celle du Docteur Weyland qui habitait Ars autrefois. Je n'ai pas besoin de vous dire l'émotion que j'ai éprouvée en foulant le sol de la Terre-Sainte, en pensant que je n'étais qu'à quinze lieues de Jérusalem. M. le curé a dit la messe, que nous avons entendue dans la chapelle du couvent des Franciscains ; puis, après avoir pris une tasse de café noir, nous avons, avec un guide, parcouru la ville ; c'est un vrai labyrinthe de ruelles étroites, tortueuses, non pavées. Nous sommes montés sur une terrasse, qui est, selon la tradition, celle où saint Pierre a eu la vision rapportée dans les Actes des Apôtres ; nous avons fait ensuite une visite à M. Damiani, agent consulaire de France; c'est un très-bel homme, qui s'exprime dans le style figuré et pittoresque des Orientaux, et qui exerce l'hospitalité de la manière la plus cordiale et la plus gracieuse. J'ai pris, chez lui, ma première leçon de fumer le chibouc, auquel je crois que je n'aurai pas de peine à m'accoutumer. De la terrasse de sa maison, nous avons joui d'un très-beau coup d'œil sur la campagne, très-bien plantée jusqu'à un rayon d'une lieue de Jaffa, après quoi commence la région inculte, qui s'étend dans presque toute la Palestine.

Dimanche 5, en rade de Beyrouth. — J'oubliais hier de vous dire que nous avions été fort bien traités à bord du *Mentor*, aussi bien que sur le *Louqsor*. Le capitaine, M. Fabre, est un homme fort distingué.

Un incident ayant retardé notre départ de Jaffa de trois heures, il était nuit quand nous nous sommes trouvés en vue du Carmel, et nous sommes venus jusqu'ici sans temps d'arrêt. Dans la soirée, nous avons aperçu les ruines de Césarée, qui, de loin, présentaient un bel aspect. Au point du jour, nous étions dans la rade de Beyrouth. C'est une position admirable, et qui rappelle certaines vues des Alpes Italiennes, en substituant la mer aux lacs de Comô, Lugano, etc. La ville se dessine en demi-cercle sur le revers d'une colline : la partie supérieure du milieu est couverte d'arbres; à droite et à gauche (dans les faubourgs) ils se mêlent aux habitations ; à droite, cet encadrement borne l'horizon; à gauche s'élèvent, sur un second plan, les montagnes du Liban, aux formes variées et dentelées, qui se prolongent ensuite jusqu'à l'extrémité du golfe, en descendant vers la mer.

Je te prie, ma chère Elise, de dire à Mgr Menjaud, que je n'ai pas manqué de penser à lui hier, dans son ancien évêché de Joppé.

Beyrouth, 5 septembre, 5 heures du soir.

Nous sommes à l'*Hôtel de l'Europe*, portant cette inscription en langue française ; on y est servi à l'européenne ; nous y avons fait un fort bon déjeuner. J'avais écrit en arrivant à M. de Charnacey, qui est venu nous voir, vêtu à l'orientale ; la longue robe blanche flottante, le turban sur la tête rasée ; ce costume lui va parfaitement. Vers midi, nous avons laissé M. le curé prendre du repos, dont il avait besoin, et nous sommes allés, M. Gentil et moi, d'abord à la maison de campagne de M. de Lesparda (1), à vingt minutes de la ville ; il l'habite constamment, venant seulement tous les matins, les dimanches exceptés, passer au Consulat le temps nécessaire pour l'expédition des affaires. On marche continuellement dans le sable, entre deux murs de pierres sèches, surmontés d'une haie de figuiers de Barbarie, qui me rappellent la Corse. Arrivés à la *Villa*, on est dédommagé de la fatigue par une vue délicieuse sur les

(1) Consul général de France à Beyrouth, parent de plusieurs des membres de la famille.

vergers et jardins qui dominent la ville, laquelle paraît au second plan ; la mer et les montagnes forment le troisième. Nous avons été parfaitement reçus et engagés à dîner pour demain. De là, chez M. Bertrand, vieux médecin, touchant la porte de la ville, qui est l'hôte de M. de Charnacey ; celui-ci nous a contristés en nous disant qu'il ne pourra nous accompagner dans le voyage du Liban, ayant ici des affaires importantes qui ne lui permettront pas de s'absenter avant quinze jours ; il nous a promis, en dédommagement, de nous accompagner dans le voyage de Jérusalem. Nous avons ensuite été à la maison des Sœurs de saint Vincent de Paul, au couvent des Lazaristes, et à celui des Jésuites ; le matin nous avions vu celui des Franciscains, où M. le curé a dit sa messe. J'avais des lettres pour toutes ces maisons, où nous avons reçu un très-bon accueil.

Je ne vous ai encore rien dit de l'intérieur de la ville : il est d'un aspect misérable quand on pense à nos villes d'Europe ; mais c'est celui d'une capitale en comparaison de Jaffa ; les rues, ou pour mieux dire les ruelles, sont du moins pavées. L'air, nous dit-on, est un des plus purs de la Syrie et des pays circonvoisins ; il souffle constamment du vent, ce qui fait que la chaleur, bien que souvent forte, n'y est jamais insupportable. Chez nous, on aurait grand soin, en cette saison, de tenir les fenêtres hermétiquement fermées dans le milieu du jour ; ici elles restent ouvertes au large. C'est ainsi que nous avons déjeuné à 11 heures dans une salle haute, à une température très-fraîche. Les intérieurs de maison que nous avons vus sont charmants.

Nous nous sommes occupés de nos préparatifs de départ. Nous avons trouvé dans l'hôtel un *drogman* (nous dirions un guide) qui s'est offert à nous, et nous a présenté une foule d'attestations de voyageurs français, anglais, italiens, allemands, qu'il a accompagnés, toutes conçues dans les termes les plus honorables ; il se charge de nous fournir tentes, lits, matelas, couvertures, etc., puis les provisions de bouche, le nombre de mulets nécessaire pour tout porter et d'hommes pour les conduire, enfin un cuisinier, dont nous serons satisfaits, assure-t-il. Le prix qu'il demande pour tout cela est de 20 fr. par jour et par personne ; il paraît qu'il y aura quelque chose à rabattre, et rendez-vous est donné demain dans la matinée au bureau du Consulat pour arrêter nos conventions. Vous trouverez sans doute que cela est bien confortable et ne ressemble guère à un pélérinage ; cependant vous nous approuverez de soigner nos santés, et de ne pas imiter certains voyageurs qui se sont fort mal trouvés de n'avoir pas pris des précautions de cette nature.

Nous avons été charmés de la bonne tenue et de la proprété de l'hospice, renfermant aussi des salles d'école pour les filles et un pensionnat. La chapelle, qui est en même temps celle des PP. Lazaristes, est très-bien décorée. En creusant les fondations de l'établissement, on a déterré une fort belle colonne de porphyre, qui est étendue dans la cour ; elle doit être élevée au milieu de celle-ci, et surmontée de la statue de saint Vincent de Paul....

Quant à l'affaire des Lieux Saints, un commissaire de la Sublime-Porte doit se rendre incessamment à Jérusalem, pour régler l'exécution des dernières conventions.

Notre consul, M. Botta, est nommé au consulat de Bag-
dad, ainsi qu'on me l'avait dit à Paris ; mais il a ordre
de rester à Jérusalem jusqu'à ce que la question des
Lieux Saints, affaire qui lui tient fort à cœur, soit résolue.

Lundi 6. — Le guide n'ayant rien voulu rabattre, M. de
Lesparda a fait prix pour nous avec un autre, moyennant
80 piastres par jour et par personne (16 fr. 50 c. en
monnaie de France). Le traité sera écrit demain, mais
nous ne pourrons partir qu'après-demain, à raison du
temps nécessaire pour faire les provisions de voyage.

Devant Djebaïl, 9 septembre 1852.

Voici notre première halte du jour, mes chers amis,
nous avons fait hier celle de nuit sur la rive droite du
fleuve du Chien (Nahr el Kelb, l'ancien Lycus), tout près
de son embouchure dans la mer, que nous entendions
gronder à quelques pas d'un moulin et d'une plantation
de mûriers ; nous avons passé sous la tente une nuit
délicieuse, surtout en comparaison des précédentes. Il
était temps pour moi, comme pour mes deux compagnons, que nous sortissions de Beyrouth ; car nous
commencions tous les trois à souffrir beaucoup de la
chaleur. A peine hors de la ville, hier vers trois heures
de l'après-midi, nous nous sommes sentis tout à fait
renaître, et nous nous portons maintenant à merveille.
Mais aussi, quelle manière charmante de voyager, et
combien différente de ce qu'on se figure dans notre pays,

et de ce que je me figurais moi-même! Nous avons toutes les douceurs et les commodités possibles de la vie. Notre caravane se compose du drogman (guide), d'un cuisinier, deux moukres (palefreniers), trois muletiers, cinq chevaux, trois mulets, trois ânes, une tente, trois lits de sangle, à chacun desquels un matelas, une paire de draps, couverture et oreiller; trois pliants, une table à manger, service de table complet, provisions de toute espèce; hier pour notre souper nous avions un fort bon potage au riz et quatre plats, dont une compote d'abricots excellente. Je croyais qu'on ne pouvait voyager de cette façon que pour des prix fabuleux *et en prince:* eh bien! ainsi que je vous le mandais il y a quelques jours, cela nous reviendra à chacun à un peu plus de 16 fr. par jour. Nous sommes jusqu'ici fort satisfaits de notre guide; il se nomme Joseph Daher; c'est un Druse d'origine, qui est converti au catholicisme. Nous avons suivi constamment, et nous suivrons jusqu'à ce soir (à Batroun) le rivage de la mer. Demain nous entrons dans la montagne; nous aurons des chemins bien plus mauvais, mais, en compensation, un air pur et de la fraîcheur. Nous avons fait hier une sortie brillante de Beyrouth; M. de Charnacey nous a fait la reconduite pendant deux heures, avec son magnifique costume oriental, accompagné d'un des fils de son hôte et de son domestique turc; puis, M. l'abbé d'Equevauvilliers, qui allait dans la montagne, nous a rejoints et ne nous a quittés qu'à quelques pas de notre station. — Nous n'avons pas souffert de la chaleur aujourd'hui, bien que le soleil soit ardent : pour nous en préserver, nous avons fait doubler extérieurement nos chapeaux d'une coiffe de calicot blanc, et nous mettons à l'intérieur un mouchoir blanc qui flotte autour du cou ; de plus, nous avons acheté des parapluies de grande dimension, que nous avons fait aussi doubler extérieurement de calicot blanc. Il faut vous dire que mon charmant parapluie de Paris a été *égaré* (en terme poli) sur le *Mentor ;* j'en ai eu un véritable regret ; mais, par le fait, celui dont je me sers maintenant, tout commun qu'il est, vaut beaucoup mieux contre le soleil.

Dimanche soir, 12 septembre. — J'ai suspendu mon journal, parce que pendant plusieurs jours il eût été très-insignifiant. Voici notre cinquième campement, celui d'hier était délicieux — sous les Cèdres du Liban : c'est par là que je devais commencer mon récit, mais j'aime mieux vous le tracer sur une feuille séparée (1). — Notre jeune compagnon est un charmant jeune homme. Son album est déjà bien garni ; c'est un talent très-agréable et que j'envie.

Je reprends par ordre. Jeudi, coucher à la porte de Batroun, sur un paquis, au bord de la mer. Notre guide nous déclare que les muletiers ne veulent pas aller le lendemain à Eden, comme c'était convenu, parce que les chemins sont trop mauvais, et qu'il faut passer par Tripoli ; après avoir un peu bataillé, nous nous résignons à cette modification. Encore une journée ennuyeuse, en suivant presque constamment le rivage de la mer. Nous campons à Tripoli, dans un espèce de verger, enclavé, sur trois de ses faces, dans un cimetière.

-(1) On trouvera, à la fin de cette lettre, et sous un titre à part, ce qui est relatif aux Cèdres du Liban.

Vous ne vous figurez probablement pas ce qu'est un cimetière turc : c'est un terrain non clos, traversé en
tous sens par un certain nombre de chemins. Dans la
soirée, nous avons eu le spectacle fort curieux d'un
enterrement turc. — Hier matin, partis à cinq heures,
nous arrivâmes bientôt à l'entrée de la chaîne du Liban;
notre guide nous fait suivre d'abord un sentier rapide
pendant environ trois quarts d'heure, puis; après avoir
causé quelques minutes avec un berger, il nous déclare
qu'il faut revenir sur nos pas; j'étais bien tenté de me
fâcher, mais j'ai vu mes deux compagnons si patients,
que leur bon exemple m'a gagné. Pour réjoindre le vrai
chemin, il a fallu passer par des sentiers détestables;
puis nous avons eu encore une côte affreuse à monter;
nous sommes arrivés sur les deux heures au village
d'Eden, très-bien ombragé de beaux noyers, dont on
cueillait les fruits. Nous avions une lettre de M. de
Lesparda en langue arabe, pour le scheick (le maire
ou bourguemestre) de cet endroit, mais il était absent.
Nous avons poursuivi notre route jusqu'aux Cèdres, où
nous sommes arrivés au coucher du soleil. Nous les
avons quittés aujourd'hui à midi, et nous avons traversé
un pays aussi triste que la veille, ce qui n'est pas peu
dire. Il est probable que nous avons parcouru la partie
la plus laide du Liban, car j'avais entendu parler de ses
belles cultures, et nous avons eu presque constamment
une contrée nue et aride. Nous venons de descendre
dans une large vallée, qui sépare les chaînes du Liban
de l'Anti-Liban (c'est le Cœlo-Syrie des anciens); au
pied de la seconde chaîne se trouve Balbek, où nous
serons rendus en peu d'heures.

Nos santés sont fort bonnes ; la mienne particulièrement n'a pas souffert la moindre atteinte depuis que
nous sommes en route. Une circonstance heureuse,
c'est qu'il n'est question d'aucune maladie épidémique
(fièvre, choléra, etc.) dans tout le pays que nous allons
visiter. Beaucoup de voyageurs ont été, à d'autres
époques et par ce motif, empêchés d'aller, les uns à
Balbek et Damas, d'autres à Tibériade, etc.

En causant avec notre drogman, j'ai appris qu'il
avait accompagné le capitaine Linch dans son expédition au Jourdain et à la Mer Morte : je me suis
rappelé avoir vu, dans le voyage de celui-ci, la litho-
graphie dudit drogman, représenté, je crois, la lance
(ou le fusil) au poing et à cheval. Il a une physionomie
qui dénote beaucoup d'intelligence, plus même qu'il n'en
possède réellement; mais au fond, c'est un excellent
homme, d'un fort bon caractère, très-complaisant et
attentif pour nous : tout considéré, nous nous regar-
dons comme heureux de l'avoir. Nous sommes fort
contents aussi de son frère, qui est un de nos moukres,
et du cuisinier. Je m'accommoderais très-bien de la
chère que nous faisons, et je vous assure que nous ne
sommes pas du tout à plaindre.

Nous avons vu quelques haies de myrthe, qui m'ont
rappelé la Corse, comme aussi des bosquets de lauriers
roses; (notre *égarement* d'hier nous a valu d'en voir un
délicieux), mais ceux-ci sont beaucoup plus petits et
moins beaux. Puis, quelques champs de cotonniers : je
me figurais que c'étaient des arbres, ou au moins des
arbustes respectables; et c'est une plante qui ne s'élève
pas à la hauteur du sarazin. Les moutons de ce pays

ont une queue d'une largeur égale à celle du corps de l'animal. Les chèvres, au contraire, en ont une toute petite, retroussée, et, pour la plupart, de longues oreilles plates et pendantes.

Figurez-vous que nous n'avons fait jusqu'ici la rencontre d'aucun visage de voyageur, si ce n'est le directeur de la poste aux lettres de Beyrouth (dans les ports du Levant où s'arrêtent nos paquebots, ces fonctions sont remplies par des Français), que nous avons trouvé aux Cèdres, arrivé quelques instants avant nous ; il a un talent remarquable pour la peinture.

Balbek, ce 13 septembre. — Nous n'avons fait qu'une marche de trois heures, et nous passons ici le reste de la journée, tant pour voir en détail ces ruines magnifiques, que pour prendre quelque repos, dont hommes et bêtes ont besoin. La vallée que nous avons traversée ce matin est naturellement très-fertile, mais inculte dans presque toute son étendue, qui est immense en longueur. Je ne vous dis rien ici de Balbek ; j'ai mis mes impressions sur une feuille séparée (1), à la suite de ce qui regarde les Cèdres. Nous avons eu à notre dernière couchée, pour la première fois, d'excellent laitage. Je viens de goûter du pain cuit sous la cendre, à la façon des Arabes ; cela a l'apparence d'une calotte, et l'on serait tenté de la mettre sur la tête plutôt que dans la bouche ; mais j'ai trouvé ce pain fort bon.

Zébédany, 14 septembre. — Nous voici à moitié chemin de Balbek à Damas : nous campons cette nuit dans un village délicieusement situé, et comme perdu au milieu

(1) Voir à la fin de cette lettre.

d'un bocage d'arbres de toutes espèces. L'eau qui coule ici se rend vers Damas; ainsi nous avons passé le point du partage des eaux, sans avoir eu beaucoup de côtes à franchir, car la haute chaîne de l'Anti-Liban se fend précisément au point que nous avons traversé : ceci m'a rappelé le col d'Atton, entre Mousson et Sainte-Geneviève, avec cette différence qu'ici ce sont des montagnes colossales qui nous ont ouvert un passage.

Nos chevaux vont à merveille : ils ont le pas allongé, ce qui est un mérite en tout pays, et le pied sûr, qualité précieuse surtout dans celui où nous sommes. Ils sont ferrés de manière à ce que le dessous du sabot soit couvert presque en entier; ainsi les pierres et les cailloux ne peuvent y pénétrer.

Damas, 17 septembre. — Nous avons eu avant-hier, du sommet de la côte qui domine Damas, un coup d'œil ravissant. Le tableau qu'en tracent Lamartine, Poujoulat, le P. Géramb, n'est pas au-dessus de la réalité. C'est un de ces spectacles vraiment féeriques, qu'il est impossible d'oublier quand on l'a vu une fois. Figurez-vous une forêt de jardins, de vergers, de plus de vingt lieues de circonférence, commençant au pied de la montagne, et bornée, sur les autres faces, par le désert; au milieu de cet océan de verdure, une ville immense, se dessinant avec ses terrasses, ses coupoles, ses minarets, ses murs d'enceinte crénelés.

Nous sommes restés une heure et demie assis, à l'ombre d'un monument funéraire, sans pouvoir rassasier nos regards — Nous avons bien éprouvé ici la vérité de ce qu'on nous avait dit souvent, qu'il faut voir les villes d'Orient de loin. Du pied de la montagne, à la porte de

Damas, nous avons cheminé entre deux rangées de murs de terre, de six à neuf pieds de hauteur, qui ne permettent pas d'apercevoir l'intérieur des vergers; il en est de même des autres côtés. Quant à la ville même, rien ne ressemble moins à une *perle*, nom que les Musulmans donnent à Dámas. A tout prendre cependant, les rues ou plutôt ruelles, bien que plus mal pavées que celles de Beyrouth, sont moins étroites et moins tortueuses. Le bazar, que nous avons visité hier en détail, serait à lui seul une grande ville; il est réellement trèscurieux. Nous sommes campés dans un jardin, tout près d'une des portes. Ces jardins se ressemblent tous, à ce qu'on nous a rapporté : plantés d'arbres fruitiers, cultivés, arrosés par des rigoles d'eau toujours courante, détournées par milliers d'une des sept branches entre lesquelles la main de l'homme a divisé le fleuve Barrada; du reste, rien n'est donné à l'agrément; les plus riches habitants n'ont pas seulement l'idée d'aider en rien la nature, qui s'est montrée si généreuse pour ce pays.

Nous avons fait bien des courses sous la direction du P. Guillot, supérieur des Lazaristes; il a été pour nous d'une prévenance charmante. Nous avons vu les lieux qui se rattachent à saint Paul; celui de la Conversion est à un kilomètre d'une des portes, à côté du cimetière catholique, lequel n'est pas clos : pas de chapelle, de croix, de simple pierre, qui indique au passant ce lieu mémorable : il y a des personnes qui le placent à trois lieues de Damas, près d'une chapelle existant encore, mais cette opinion est peu probable. En sortant de la ville, on nous a montré, tout près de la porte, l'endroit d'où le Saint fut descendu hors de la muraille dans une corbeille. La maison où il recouvra la vue et reçut le baptême se trouve dans la rue qui, aujourd'hui encore, comme à cette époque, porte le nom de *rue droite;* en cet endroit, elle fait partie du bazar, et l'emplacement de la maison est occupé par une petite mosquée. Enfin, on montre la maison d'Ananie, dans laquelle est construite une petite chapelle souterraine. M. le curé y a dit la messe ce matin. Suivez, pour vous rendre compte de tout ceci, le récit de la Conversion, aux Actes des Apôtres. Les catholiques sont peu nombreux ici, et appartiennent à cinq rites différents : Latins, Grecs, Arméniens, Syriaques et Maronites. Nous avons fait une visite au patriarche grec; c'est un très-beau vieillard : il a ri de bien bon cœur de ma maladresse à fumer le chibouc. Nous n'avons pas trouvé l'archevêque syriaque, qui est celui dont Mme d'Hardivilliers a reçu la visite à sa campagne, et qui lui a donné rendez-vous dans son diocèse, à la vallée de Josaphat. Nous sommes encore allés voir un médecin français, M. Willemin, originaire de Strasbourg; il est ici en mission pour étudier les maladies épidémiques de l'Orient, et M. Hélouis, chancelier du Consulat; j'avais des lettres pour l'un et pour l'autre; j'ai trouvé chez ce dernier notre consul, M. Barbet de Jouy, arrivé depuis deux ou trois mois. Nous avons eu partout très-aimable accueil. Le bon P. Lazariste nous a fait pénétrer dans plusieurs intérieurs de maisons; nous en avons vu deux vraiment délicieux, puis un troisième, habité par plusieurs familles d'ouvriers aisés, et qui est réellement très-joli. Partout, au milieu du bâtiment, une cour carrée, quelquefois pavée en marbre, sur laquelle tous les appartements prennent jour; car il n'y a aucune ouverture extérieure; la cour est plantée de quelques arbres, qui récréent la vue, et entretiennent la fraîcheur; puis, au milieu, un bassin d'eau courante; quelquefois d'autres bassins se trouvent dans l'intérieur même des appartements. — Avant-hier, en entrant dans la ville, nous nous reportions par la pensée au temps, peu éloigné, où les Européens étaient obligés de revêtir le costume musulman, et, de plus, de mettre pied à terre : quel changement aujourd'hui! Notre cortége a traversé les rues, sans que nous ayons fait l'ombre d'une mauvaise rencontre, sans que les farouches Damasquins détournassent seulement la tête pour nous regarder passer. La population ici est beaucoup plus belle que celles que nous avions vues précédemment, et, ce qui nous a fort étonné, la peau est aussi blanche que dans le nord de la France. Des milliers de chiens, de même qu'à Constantinople, fourmillent dans les rues; on nous assure (ce qui paraît inconcevable, avec une température aussi élevée,) qu'il n'y a pas d'exemple que ces animaux contractent la rage.

18 au soir. — Nous sommes campés près d'un *khan*, à l'entrée de la chaîne du Liban. Nous avons passé la dernière nuit, à six lieues de Damas, près d'un pauvre village nommé Dimas : ce canton est une vraie Sibérie. Nous étions à quelques centaines de pas d'un régiment turc, qui faisait là son étape, marchant contre des Druses insurgés, au-delà de Damas. Aujourd'hui nous avons traversé l'Anti-Liban, par un chemin horriblement triste, puis la large plaine de Bequâ, qui est le prolongement de celle de Balbek: On dit que nous arriverons

demain vers midi à Beyrouth. Nous nous trouvons si
bien de notre vie sous la tente, que nous avons fait un
arrangement avec notre drogman pour camper près de
sa maison, hors de la ville, pendant les deux nuits que
nous comptons y passer. Aussitôt arrivés, nous courrons
à la poste, où nous espérons trouver des lettres de
France, par le paquebot qui a mouillé hier. Il y a eu hier
un mois que nous quittions Metz; nous n'avons pas mal
employé notre temps jusqu'ici. En partant de Damas,
nous pensions avec plaisir que c'était le point le plus éloigné de notre voyage. Nos santés continuent à être bonnes; moi particulièrement, je n'ai pas eu, depuis ces onze
jours, la moindre indisposition ; je supporte étonnam-
ment bien la fatigue du cheval, dont j'avais depuis bien
longtemps perdu l'habitude. Si j'avais été mieux rensei-
gné sur la manière de voyager dans ce pays, j'aurais pu
me dispenser de diverses emplettes que j'ai faites à Paris ;
car j'ai laissé à Beyrouth le nécessaire de table, la canne
à siége et le lit de camp ; il est vrai que ce dernier m'a
servi sur le paquebot. Quant aux selles „nous avons bien
à nous applaudir de les avoir achetées : elles sont excel-
lentes.

Beyrouth, lundi 20 septembre, au lever du soleil. —
Nous ne sommes arrivés hier qu'à 5 heures du soir ; la
distance était de 2 lieues plus longue qu'on ne nous l'a-
vait dit ; les chemins plus exécrables que tout ceux que
nous avions eus jusque-là ; et pourtant c'est la grande ar-
tère de la Syrie, la voie de communication entre ses deux
villes les plus importantes : enfin il a fallu nous détourner
de la route pour aller dans un village maronite, où M. le
curé a pu dire la messe. — Nous sommes installés dans

une maison que notre guide a louée à côté de la sienne, et qu'il destine à loger les voyageurs : elle est à six minutes de la ville, tout près de la mer, du côté de la route de Saïda ; nous y sommes beaucoup mieux que chez le signor Battista, en bien meilleur air, et pour moitié prix. Avant de m'y établir, j'ai fait toute sorte de courses et de démarches infructueuses pour retirer mes lettres du bureau de la poste; je ne pourrai les avoir qu'entre 8 et 9 heures, j'ai appris qu'il s'en trouvait quatre à mon adresse ; c'est déjà une demi-jouissance que cette assurance, mais combien il me tarde d'en être en possession!

A 9 heures. — Je viens de trouver à la poste les quatre lettres de Metz, Nancy, Dombasle et Quimper ; je suis heureux de savoir que toutes les santés étaient bonnes... J'irai ce soir faire visite aux Lesparda, à leur campagne, en prenant un cheval pour ne pas trop me fatiguer. Depuis que je sais qu'on n'embarque plus de passagers à Alexandrie pour la Syrie, je suis bien ébranlé pour renoncer à l'Egypte, tenant par dessus tout à ne pas manquer les fêtes de Noël à Bethléem. Ainsi, après avoir reconduit M. le curé, dans les derniers jours d'octobre, à Jaffa, j'irais probablement passer un mois ou six semaines à Nazareth ou à Tibériade : ceci n'est qu'à l'état de projet, que les circonstances peuvent changer, d'une manière ou d'une autre.

Je remercie en particulier Pauline de sa bonne lettre. Cela lui en méritera bien une des premières que j'écrirai de l'un des Lieux Saints. Adieu, mes bons amis, etc...

LES CÈDRES DU LIBAN.

Sur le flanc du Makmel (une des hautes cimes du Liban), une gorge s'ouvre, dans la direction de l'Est à l'Ouest; à une petite distance des montagnes nues qui la ferment en décrivant un demi-cercle, s'élèvent, sur le plan fortement incliné qu'elle décrit, plusieurs mamelons, de grandeurs et de hauteurs inégales. Les deux principaux suivent, l'un au Nord, l'autre au Sud, la direction de la gorge; un très-petit se détache du premier au Nord-Est ; un autre se prolonge vers le Sud-Ouest; un cinquième barre le passage à l'Ouest, et le dernier s'avance à la suite du précédent, dans la même direction.

Sur ces six mamelons, et le long des chemins creux qui les séparent, s'étend le bois des Cèdres. C'est bien, en réalité, un petit bois de haute-futaie, dans lequel se trouvent certains espaces vides. J'en ai fait le tour en vingt minutes, en marchant très-lentement, à cause de l'inégalité du terrain, et des aspérités du sol, jonché de pierres. Vers le centre, au point de jonction des chemins creux dont nous venons de parler, se trouve un terre-plain : c'est là qu'a été plantée notre tente.

Les vieux Cèdres, ceux qui remontent à une antiquité très-reculée, sont tous sur les deux principaux mamelons : sept sur celui du Sud, cinq sur celui du Nord. Trois de ces derniers se trouvent en avant et à peu de distance de la porte d'une chapelle très-modeste, non pavée, ne recevant de jour que par cette porte : là charpente en est, comme on doit s'y attendre, en bois de cèdre , ainsi que quatre piliers bruts qui la supportent.

Nous avons mesuré, à la hauteur d'environ un mètre, ceux des vieux Cèdres qui nous ont paru avoir les plus grandes dimensions. Nous avons trouvé les circonférences suivantes : 13^m, $12^m\ 60^c$, $11^m\ 75^c$, 11^m, $9^m\ 80^c$, $9^m\ 10^c$, $8^m\ 70^c$. A une plus grande hauteur, la grosseur est beaucoup plus considérable, les troncs s'élargissant sensiblement à la naissance des branches.

Plusieurs de ces arbres ont une partie de leurs branches morte, soit de vieillesse, soit par l'effet de la foudre ou des ouragans. Quelquefois ces débris jonchent la terre, et présentent des tableaux très-pittoresques : après ces doyens de la forêt, qui sont arrivés à l'état de vétusté, il y en a un grand nombre dans la force de l'âge. Entre ceux-ci, j'en ai noté vingt-deux comme particulièrement remarquables par leur beauté. En dehors de la forêt, quelques cèdres sont jetés épars, comme autant de védettes avancées, sur le flanc des collines voisines. — Point de gazon; la terre se montre à nu partout où elle n'est pas jonchée de pierres ou parsemée de buissons d'épine-vinette. — En venant du côté d'Eden, à la distance d'environ trois quarts de lieue, on commence à apercevoir les Cèdres, qui bientôt après disparaissent; on ne les revoit plus que quelques centaines de pas avant d'arriver. On monte par le chemin creux qui sépare les deux mamelons de l'Ouest de celui du Nord. Après trois journées d'ennui et une dernière de fatigue, je craignais d'éprouver du désappointement : l'impression a, au contraire, (à l'inverse de ce qui arrive ordinairement pour les objets très-vantés) dépassé mon attente. Je viens de relire les descriptions des voyageurs qui ont visité les Cèdres : Robinson, Poujoulat, Lamartine, Géramb, Mislin, etc. ; et j'ai trouvé que pas un n'avait atteint la limite d'une juste admiration. Ces géants de la végétation, aux formes si variées, si pittoresques, si hardies, seraient en tous lieux d'une beauté ravissante : combien plus ici, quand, pendant six heures entières, on vient de parcourir les flancs du Liban, si tristes, si décharnés, et qui, à l'exception du village d'Eden et de ses noyers, ne nous avait offert, et à de bien rares intervalles encore, qu'une végétation maigre et rabougrie !

Cette nuit est la quatrième que nous avons passée sous la tente. Cette manière de voyager a pour nous beaucoup de charmes ; mais ici surtout, la pureté de l'air et les souvenirs qui se rattachent aux lieux où nous sommes, nous ont fait trouver la nuit délicieuse. Cependant, plus d'une heure avant le lever du soleil, j'étais sur pied, et j'errais dans la forêt ; je m'arrêtai sur l'un des points les plus élevés, vers le Sud-Est : dans cette partie du ciel, les plus belles constellations, Orion, Syrius, la planète de Vénus, etc., brillaient de l'éclat le plus vif ; un peu après, la lune, arrivée au dernier terme de sa décroissance, a présenté à l'horizon son croissant fortement échancré. Ainsi, j'avais tout à la fois, au-dessus de ma tête, le spectacle magnifique du firmament, et, autour de moi, un des plus majestueux que pût m'offrir la terre : l'un et l'autre semblaient se réunir pour raconter la gloire du Créateur, et pour m'inviter à le bénir. Je suis tombé à genoux, et j'ai récité ma prière du matin ; après quoi, continuant mes excursions, j'ai repassé dans ma mémoire l'hymne de louange que Milton a mis dans la bouche d'Adam, au jour de sa création, et j'ai répété avec notre premier père : « Combien grandes, combien belles, combien » admirables sont ces choses! Combien plus grand, plus » beau, plus admirable, celui qui les a faites! »

Au lever du soleil, un prêtre maronite est venu célébrer le Saint Sacrifice, auquel assistaient beaucoup de bons montagnards des vallées voisines; puis, M. Wonner est monté à l'autel à son tour : il était heureux de dire la messe dans ce lieu vénéré, et moi je ne l'ai été guère moins de la servir.

Voilà donc le premier lieu, entrant dans le plan de mon voyage, qu'il m'a été donné de visiter. Si mon imagination a été si fortement frappée, mon âme si vivement émue par les souvenirs bibliques qui s'y rattachent, combien plus le serai-je dans les Lieux Saints par excellence, dans ceux que le Sauveur des hommes a parcourus en faisant le bien, dans ceux qui ont été témoins de sa naissance, de sa vie cachée, de ses souffrances, de sa mort et de sa résurrection glorieuse!

En quittant ce bouquet de cèdres, le seul débris des forêts qui couronnaient autrefois les cimes du Liban, il est naturel de se demander comment et pourquoi tout le reste a disparu. La raison humaine n'a que des conjectures à faire en réponse à ces questions. En repassant dans ma mémoire divers passages des Livres Saints, je me suis dit : Peut-être Dieu, qui, par la bouche de ses prophètes, avait souvent comparé l'orgueil de l'impie aux Cèdres du Liban, a-t-il voulu montrer qu'il lui était facile de briser la gloire des puissants, des conquérants de la terre, et c'est pour cette fin qu'il a abattu celle des arbres qui étaient leur image. — Mais pourquoi, dans un des flancs les plus enfoncés, ce spécimen unique est-il resté sur pied? — Dieu l'a permis sans doute, parce qu'il voulait confondre la présomption de ces prétendus savants, qui, au niveau de la foule par leur ignorance, croient s'élever au-dessus d'elle par leur orgueil. Il a prévu que, dans la suite des âges, il se rencontrerait quelques hommes de cette trempe, qui chercheraient à prendre l'Ecriture Sainte en défaut, et qui diraient : « Voyez ces prophètes comme on les appelle : David, » Isaïe, Ezéchiel, — qui vous parlent en cent endroits » des Cèdres du Liban. Pure imagination de poète! » Encore peut-on passer aux poètes ces sortes de li- » cences; mais que dire d'un historien, qu'on décore du » titre de sacré, et qui raconte gravement que Salomon » a fait construire son temple en bois de cèdres, arra- » chés au flanc du Liban? Parcourez cette chaîne de » montagnes dans toute son étendue; elle ne produit » pas un seul Cèdre, elle n'en a jamais produit. » — Et voilà que Dieu jette, dans ce lieu même, un démenti éclatant à la tête de ses détracteurs. Ce démenti n'a pas toujours été accepté. Je noterai en passant que, dans notre traversée de Marseille à Alexandrie, deux hommes, dont l'un ne manquait ni d'esprit ni d'instruction, nous ont soutenu gravement que les Cèdres, que nous allions voir dans le Liban, n'étaient qu'une fable inventée par les voyageurs qui en ont parlé.

Pour se rendre des Cèdres à Balbek, on sort du bois entre les mamelons du Sud et du Sud-Ouest. On gravit bientôt le col du Makmel ; pendant ce temps (environ une heure), on a presque constamment les Cèdres en vue ; à mesure qu'on s'élève, leur aspect devient de moins en moins imposant, et ils répondent davantage à l'idée qu'en donne Robinson, quand il les représente comme *humiliés*, *confus*, et réduits à un état d'*avilissement*. Là aussi on se rend mieux raison de cette parole d'Isaïe : « Ce qui aura échappé à la flamme sera en si » petit nombre, que la main d'un enfant pourra les » compter. »

Nous étions arrivés aux Cèdres le samedi 10 septembre ; nous les avons quittés le lendemain à midi. J'avais commencé dans la matinée à vous écrire ces lignes, que le boute-selle a interrompues ; je viens de les achever aujourd'hui 13, assis sur les ruines de Balbek.

BALBEK.

Ainsi, j'ai vu en deux jours les Cèdres et Balbek — ces débris les plus majestueux de la nature et de l'art qu'il soit donné à l'œil de l'homme de contempler : ceux-là plantés par la main de Dieu même ; ceux-ci, l'une des œuvres de la main de l'homme qui attestent le mieux, par leur magnificence, qu'il est réellement l'image de Dieu.

Je l'ai souvent éprouvé dans mes voyages, et particulièrement en Italie, ce qui me frappe davantage dans un monument, ce sont beaucoup moins les détails que l'ensemble ; et, dans ce mot *d'ensemble,* je fais entrer pour une part notable le site, et, en quelque sorte, l'encadrement. Sous ce rapport, la première impression, ici, a été très-profonde. Nous avions passé la nuit campés à la porte d'un petit village, au pied du dernier chaînon du Liban, et il nous restait à traverser une plaine de trois lieues de largeur : en approchant de Balbek, les six colonnes gigantesques, seules parties du grand temple restées debout, apparaissent, d'abord un peu confusément, puis se dessinent nettement au-dessus d'une muraille surmontée de larges pierres disposées en forme de créneaux, et derrière un groupe d'arbres, dont la verdure forme un contraste charmant avec la couleur bronzée des pierres. Les colonnes se détachent parfaitement sur la terre des premières collines de l'Anti-Liban, qui forment le fond du tableau. Bientôt, c'est sur l'azur du ciel qu'elles se profilent, et la beauté du paysage est au-dessus de toute louange. Nous voici entrés dans l'immense enceinte qui embrasse les deux temples ; notre tente est dressée au milieu ; je m'assieds le long de la colonnade du petit temple, sur un des nombreux débris qui jonchent la terre à l'entour ; en face de moi se dressent les six colonnes majestueuses dont j'ai déjà parlé ; mon œil ne peut se rassasier de les voir, il ne s'en détache qu'avec peine, et souvent, occupé que je suis à les contempler, ma plume s'arrête entre mes mains en laissant la phrase inachevée.

Essaierai-je de décrire Balbek ? Non ; la seule description exacte d'un monument est celle qu'en donne la peinture; la langue humaine est trop insuffisante pour offrir aux *yeux de l'âme* une image fidèle des lieux; rien de plus difficile, de plus fatigant à suivre avec attention que ces descriptions. J'en juge par les dix ou douze pages que M. de Lamartine a consacrées à celle des ruines au milieu desquelles je suis en ce moment. Je les avais lues il y a quelques jours, et il n'en était resté dans ma mémoire que des images confuses; je les ai relues tout à l'heure, ici même, et bien qu'aidé par l'aspect des lieux, j'ai eu quelque peine à en saisir le fil. Si cette tâche est si ingrate, même pour un écrivain d'un talent éminent, combien plus ne serait-il pas téméraire à moi de l'entreprendre! J'imiterai donc les voyageurs qui, comme M. Poujoulat et le P. Géramb, se sont bornés à confier au papier leurs impressions.

Et d'abord, quelle idée se former des hommes qui ont élevé ces constructions, les plus gigantesques qui se montrent aujourd'hui sur la surface de notre globe? Notre âge est si fier de son progrès, si dédaigneux pour les âges qui l'ont précédé : eh bien! où serait aujourd'hui l'architecte, où serait l'ouvrier, capable, l'un de concevoir le plan d'une telle entreprise, l'autre de l'exécuter? N'est-ce pas ici, sinon une preuve positive, du moins la plus forte, des présomptions en faveur du système de ceux qui, comme le comte de Maistre, ont soutenu qu'une foule immense de connaissances supérieures à celles que nous avons acquises étaient possédées par les peuples des premiers âges du monde, plus voisins de la création, plus rapprochés des temps où Dieu conversait familièrement avec l'homme, et qu'elles ont disparu sans retour pour nous, et peut-être pour nos arrière-neveux?

En second lieu, l'aspect de ces monuments n'est-il pas propre à nous pénétrer de cette vérité dont la connaissance (je l'ai écrit ailleurs) (1) nous est essentiellement utile : à savoir, qu'il y a en nous tout à la fois un fonds immense et de dignité et de misère? Rien de plus digne d'admiration, sans doute, que le génie des hommes qui ont élevé les monuments que j'ai sous les yeux; mais ces hommes, que sont-ils? à quel âge? à quelle race appartenait leur existence? L'histoire se tait; elle n'a pas un mot de réponse à toutes ces questions, (car la tradition des Arabes qui attribuent leur construction à Salomon, ne soutient pas l'ombre de la critique). Est-ce là assez pour confondre l'orgueil humain? O puissants de la terre! évertuez-vous donc pour laisser à la postérité un nom éternel! appelez à vous tout ce que les arts ont de plus magnifique, de plus prodigieux; et cela pour-quoi? pour que votre nom se perde dans l'oubli, et que pas un vestige n'en reste dans la mémoire des générations qui verront et qui admireront vos œuvres !

Et ces œuvres elles-mêmes, enfin, quelle a été leur destinée ? L'histoire, si obscure sur la construction de Balbek, est beaucoup plus explicite sur sa ruine ; à l'aide des documents qu'elle nous a laissés, nous pouvons compter les tremblements de terre qui ont bouleversé cette cité et ses monuments, nous pouvons même en assigner les dates. Eh bien! voilà une œuvre par laquelle l'homme s'est imaginé qu'il pouvait, en quelque sorte, lutter avec celles de Dieu. Que faut-il à Dieu pour le

(1) Considérations sur l'étude des sciences dans ses rapports avec la Religion.

confondre ? Il ordonne à la terre de s'entr'ouvrir, et l'œuvre de l'homme est brisée en des milliers de fragments, et ses débris jonchent au loin le sol. *O vanitas !*

Telles sont quelques-unes des réflexions auxquelles je me livrais tout-à-l'heure;... mais je viens de jeter encore un regard sur les six colonnes, et le sentiment d'admiration reprend le dessus. Et je remonte de la créature au Créateur et je me dis : Combien est grand celui qui a fait l'homme et qui lui a donné le génie de concevoir et d'exécuter de telles merveilles !

Beyrouth, ce mardi 21 septembre 1852.

Pendant qu'on fait les apprêts de départ, et après que j'ai terminé mes paquets, il me reste quelques instants dont je profite pour poser cette date, mes chers amis : je pense pouvoir vous expédier cette lettre de quelque point intermédiaire, de manière à ce qu'elle vous arrive plus tôt que celles que je compte vous écrire de Jérusalem. J'ai fait hier une forte journée : course à cheval à Anti-Lias, à deux heures et demie d'ici, sur la montagne, pour voir Dom Stefano Habajsei, prêtre Maronite, dont j'avais fait la connaissance à Rome il y a dix-huit ans, et qui est aumônier de la veuve de l'émir Beschir. J'avais un cheval excellent, aux allures allongées et douces. Dom Stefano m'a reçu très-gracieusement et cordialement : j'aurais eu peine à le reconnaître, car sa barbe, qui était du plus beau noir, est maintenant toute blanche; il n'a que quarante-huit ans. Il m'a présenté à la *grande princesse*, dont l'habitation m'a fait penser à ce vers de Lafontaine : « Quel Louvre ! un vrai taudis. » Je suis arrivé là tout au début d'un orage, qui a été très-fort pendant que j'étais à l'abri. C'est la chose la plus rare dans ce pays : je n'avais pas encore senti une goutte de pluie depuis Lyon. J'étais de retour au coucher du soleil, à la grande satisfaction de M. le curé, qui avait été bien inquiet à mon sujet ; et, aussitôt après le dîner, je suis remonté à cheval pour faire une visite d'adieu aux Lesparda, dans leur *villa*.

Sour (Tyr), jeudi soir 23 septembre. — Nous ne sommes partis de Beyrouth avant-hier qu'à 2 heures et demie, et nous n'avons pu coucher qu'à mi-chemin de Saïda. Hier matin, j'ai pris les devants, et fait quelques temps de trot, de manière à arriver dans cette ville (l'ancienne Sidon) avant dix heures. M. Gaillardot m'a très-bien accueilli ; j'ai été fort content de le voir, et il y a eu réciprocité de sa part. Il n'a que trente-huit ans, et en voici seize qu'il est habitant de la Syrie ; je suis le premier Lorrain de sa connaissance qu'il ait vu depuis cette époque. Il m'a rappelé, le premier, le temps où, aux distributions de prix, lorsque j'étais sous-préfet de Lunéville, je l'embrassais, après lui avoir posé la couronne sur la tête. Sur la fin de la journée, nous nous sommes promenés avec lui hors de la ville, dans les jardins, qui sont fort renommés. C'est la première promenade agréable que j'aie faite depuis que je suis en Syrie. Ce sont des chemins creux entre de beaux arbres et des lianes formant des berceaux naturels ; puis on marche sur un aqueduc conduisant les eaux à la ville, et d'où l'on domine, à droite et à gauche, les jardins très-bien plantés et arrosés. Avec un peu de bonne volonté, on peut se figurer que tel ou tel de ceux-ci est celui que cultivait Abdolonyme, dont l'histoire est peut-être le chapitre le plus intéressant de tout Quinte-Curce. Nous avons retrouvé à Saïda M. Blanche, agent consulaire de France, homme excellent, avec qui nous avions dîné chez M. de Lesparda, et qui est intimement lié avec M. Gaillardot. Il m'était revenu de toutes parts que celui-ci était très-considéré dans ce pays. Nous avons visité la citadelle de Saïda, bâtie sur la mer, et à laquelle on communique de la ville par un pont assez bien conservé et fort pittoresque. Nous étions campés hors de la porte, près de l'autre citadelle, qui domine la ville : c'est à cette dernière que se rattache un des plus beaux traits de l'histoire de saint Louis.

Nous avons eu aujourd'hui un chemin sensiblement meilleur que tous ceux que nous avions suivis jusqu'ici, et nous étions arrivés entre 1 et 2 heures. Cette journée nous a offert un vif intérêt : si nous ne sommes pas encore dans la *Terre Sainte* proprement dite, nous avons déjà foulé un sol qui a été sanctifié par les pas de Notre-Seigneur. C'est dans ce pays que s'est passée l'histoire touchante de la Cananéenne, — peut-être dans le voisinage de Sarepta, dont nous avons vu ce matin les ruines, peu remarquables en elles-mêmes, mais qui nous ont rappelé l'histoire, bien touchante aussi, de la pauvre veuve dont Elie a ressuscité le fils : nous l'avons lue ce soir avec attendrissement, comme nous lisions, il y a huit jours, à Damas, celle de Naaman.

Les ruines de Tyr sont presque toutes ensevelies sous terre ; on voit cependant encore de beaux débris de

colonnes, gisant, les uns dans la mer, les autres sur le
sol. Nous sommes campés sur un pâtis entre la ville et
la mer, dans laquelle nous nous sommes baignés avant
le dîner. Sour est bien insignifiant et bien misérable;
cependant il y a de l'exagération dans le tableau qu'en
tracent les voyageurs : à part sa petitesse (elle n'a que
3,000 habitants), son aspect est le même que celui des
villes d'Orient que j'ai vues jusqu'ici, et elle est assurément beaucoup moins laide que Jaffa. Elle n'est pas dé-
pourvue de commerce, à en juger par les files nombreuses de chameaux que nous avons rencontrées hors
de la porte et dans les rues qui l'avoisinent.

Mont Carmel, samedi 25.

La journée de Sour à Saint-Jean-d'Acre est assez forte;
cependant, après être arrivés dans cette dernière ville,
et nous y être promenés, en voyant partout les traces des
ravages qu'y a fait le canon des Anglais en 1840, nous
nous sommes décidés à louer une barque, qui, à l'aide
d'un bon vent soufflant en poupe, nous a conduits en cinq
quarts d'heure à Caïffa, (il faut de trois à quatre heures
pour contourner la baie à cheval). La distance de Caïffa
au Carmel est d'une heure de marche, dont le dernier
tiers en gravissant une pente fort raide; nous avons
franchi cette distance à pied, au clair de lune, et nous
étions ici entre 7 et 8 heures. Nous avons eu une récep-
tion charmante du Frère Charles. Nous passons cette
journée entière à nous reposer; et demain après la messe,

que M. le curé compte dire de grand matin, nous irons, s'il plaît à Dieu, coucher à Nazareth.

Le couvent du Carmel est une construction magnifique, presque entièrement terminée : c'est à son achèvement, ainsi qu'à l'acquisition d'une grande maison, que le Pacha avait fait bâtir tout à côté du couvent et que les Grecs convoitaient, que les Religieux ont consacré tout le produit de leurs quêtes; le mur de clôture qu'ils projetaient n'est pas encore commencé. La situation est belle, sur un promontoire avancé, dominant la mer sur trois faces, ayant au-delà, sur l'une d'elles (celle qui regarde Saint-Jean-d'Acre) un bel amphithéâtre de montagnes qui ferment l'horizon; la quatrième face est tournée vers la montagne. Le terrain appartenant au couvent est encore inculte; on attend une trentaine d'ouvriers maronites du Liban, qu'on emploiera à le défricher; le sol est naturellement fertile, mais il n'y aura pas moyen de l'arroser, car on n'a qu'une seule citerne, dont l'eau est d'ailleurs fort agréable. L'église est belle, dans le style moderne : au-dessous du maître-autel, est une grotte, celle d'Elie et d'Elisée, suivant la tradition, dont on a fait une chapelle souterraine; on a eu le bon goût de laisser le roc à nu, sans le surcharger d'ornements. Je viens de lire dans la Bible, au 3e livre des Rois, chapitre 18, et au 4e, chapitre 4, le récit des miracles d'Elie et d'Elisée qui se sont passés sur le Carmel; puis une notice publiée, il y a quelques années, sur le Mont Carmel, et les divers événements historiques qui s'y rattachent. D'après une pieuse et ancienne tradition, la sainte Vierge y venait quelquefois prier de Nazareth, et elle avait ce lieu en grande prédilection.

De là l'origine de la dévotion à Notre-Dame du Mont Carmel, et de là aussi la fondation de l'ordre des Carmes et Carmélites. J'ai bien pensé ici à sainte Thérèse, et prié particulièrement pour les membres de ma famille dont elle est la patronne.

Hier matin, à une heure et demie de Sour, nous nous sommes un peu détournés de la route, pour visiter ce qu'on appelle les *puits de Salomon :* ce sont trois vastes réservoirs d'eau courante, qui servaient autrefois à alimenter la ville de Tyr; aujourd'hui, l'eau qui en sort par plusieurs issues, après avoir fait marcher quelques moulins dans le voisinage, descend à la mer. On ne sait d'où ni comment l'eau y arrive : est-ce un puits artésien creusé dans cet endroit même? est-ce une prise d'eau, dans quelque point de la montagne du Liban, qui descend là par un canal entièrement souterrain, de manière à ce que l'eau, pénétrant dans la partie inférieure du bassin, remonte à la surface par l'effet du syphon?

Dans tous les cas, cet ouvrage dénote des connaissances physiques bien supérieures à celles qu'on suppose aux temps reculés où remonte sa construction. Puisque j'ai parlé des moulins, je rappellerai en passant que les roues horizontales, ou *turbines*, qu'on n'emploie en France que depuis dix ou douze ans, sont regardées comme une invention moderne. Eh bien! dans tout le pays que je parcours depuis trois semaines, on n'en trouve pas d'autres....

.... Je viens de descendre avec le Frère Charles un vrai sentier de chèvres, pour voir ce que l'on appelle les *grottes des Prophètes;* elles sont partie sur le penchant, partie au pied de la montagne. A chacune d'elles était autrefois accolé un monastère; on en comptait jusqu'à sept. Dans quelques-unes se trouvent des citernes, en bon état. La plus considérable fait partie d'un khan; beaucoup de Musulmans s'y trouvaient; ils ont une grande vénération pour le prophète Elie.....

Le domestique qui sert les voyageurs au Mont Carmel a trouvé, en faisant nos chambres, dans celle de M. Gentil, un serpent dont il s'est emparé. Comme pareille aventure n'était jamais arrivée dans le couvent, le brave garçon a cru que c'était nous qui l'avions apporté, et il s'est empressé d'aller dire au Frère Charles que *questi Signori* avaient un goût bien singulier pour ces vilains animaux.

Nazareth, 27 septembre.

Me voici dans un des trois *Lieux Saints* par excellence. C'est à Nazareth, à Bethléem et à Jérusalem, que s'est accompli le grand mystère de l'Incarnation, et celui de la Rédemption, qui en est la suite. Dans l'ordre chronologique, le sanctuaire de Nazareth occupe le premier rang : c'est ici que le Verbe s'est fait chair ; qu'il est descendu du ciel dans le sein d'une Vierge *(non horruisti Virginis uterum),* avant de descendre plus bas encore — jusqu'aux humiliations de l'étable, jusqu'aux souffrances de la croix.

Nous lisons dans la Bible qu'au temps de Josué, Dieu avait obéi à la voix d'un homme *(obediente Deo voci hominis)* : ici, c'est à la parole d'une jeune, d'une humble, d'une chaste Vierge, qu'il se soumet : « Qu'il me soit fait suivant ce que vous avez dit, » venait-elle de répondre au messager céleste; et, à l'instant même, voici que le fils éternel de Dieu, le Verbe divin, se fait chair : *Et Verbum caro factum est.* C'est ici —*hîc*—, comme je le lisais tout à l'heure gravé au bas de l'autel de la chapelle souterraine de l'Annonciation ; c'est dans ce lieu même que s'est accompli ce mystère d'un amour immense, infini. C'est ainsi que Dieu a aimé le monde : *Sic Deus dilexit mundum.*

Mais ce n'est pas seulement le lieu de l'Incarnation du Verbe, que nous vénérons à Nazareth ; c'est encore celui où s'est passée la plus grande partie de la vie mortelle de notre auguste Rédempteur, toute sa vie cachée, par laquelle il a préludé à la vie active de la prédication et à la vie douloureuse de la passion. De cette première partie, qui remplit l'espace d'environ vingt-sept années, l'Evangile ne nous dit que peu de mots, mais qu'ils sont admirables ! « Jésus vint à Nazareth avec ses parents, » et il leur était soumis. Il croissait et se fortifiait, et la » grâce de Dieu était avec lui... Il croissait en sagesse, » en même temps qu'en âge, et il était aimé de Dieu et » des hommes. » Oui, je ne sais en vérité ce qu'on doit admirer le plus, des trois années de prédication, pendant lesquelles Jésus parcourt la Judée en laissant partout sur ses pas des traces de ses bienfaits *(pertransiit benefaciendo)* ; ou des vingt-sept années de sa vie cachée et laborieuse, par laquelle il y prélude, comme je le disais tout à l'heure. Ici et là, il nous laisse de précieux exemples à imiter ; mais ici, ce semble, ces exemples sont d'une application plus directe, plus générale. Bien peu de chrétiens sont appelés à l'honneur insigne de prêcher la parole divine, de porter au dehors la bonne parole du salut ; mais tous, sans exception, le sont à travailler, à souffrir, à remplir les devoirs de l'état où la divine Providence les a placés. Ainsi, tous les hommes trouvent ici un sujet de méditation approprié à leur situation respective ; mais il en est de particuliers aux enfants et aux jeunes gens. Oui, mes chers neveux (c'est pour vous principalement que j'écris ces lignes), apprenez de Jésus enfant à croître en science, en sagesse, en grâce devant Dieu et devant les hommes ; apprenez de lui à être obéissants, soumis, dociles à vos parents : vous qui n'êtes qu'hommes, c'est-à-dire, cendre et poussière, rougiriez-vous de suivre l'exemple qu'un Dieu-homme n'a pas dédaigné de vous donner ?

Que dirai-je encore ? — Nous vénérons dans Nazareth l'habitation de la sainte famille ; car il n'est pas permis de séparer, du nom divin de Jésus, les noms saints, les noms vénérés et toujours chers au chrétien, de Marie et de Joseph : Marie, la Mère de Jésus selon la chair ; Joseph, son père nourricier ; Marie, bénie entre toutes les femmes, et élevée en gloire dans le Ciel, suivant l'expression de Bourdaloue, immédiatement au-dessous de Dieu, et infiniment au-dessus de tout ce qui n'est pas Dieu ; et cela (c'est encore une réflexion du même orateur), moins encore à cause de sa qualité éminente de Mère de Dieu, que parce qu'elle a été tout à la fois la plus humble et la plus fidèle de toutes les créatures. C'est donc ici, près de cette grotte, dans cet obscur atelier, qu'une pauvre famille d'artisans a vécu bien des années, ignorée du monde entier, mais attirant sur elle les regards de complaisance du Père céleste, et les regards d'admiration et de respect de ses Anges : Dieu voulant par là nous apprendre que ce qui lui est le plus agréable, ce ne sont pas précisément des actions d'éclat, des vertus héroïques, mais la parfaite conformité à sa volonté, et que les petites choses ont à ses yeux un grand prix, quand elles sont faites en vue de lui et pour lui plaire.

Hier, — le soir même de mon arrivée à Nazareth,— je me suis confessé en italien, (aucun des Religieux de la communauté ne parlant ni n'entendant le français); aujourd'hui j'ai eu le bonheur de communier à la messe dite par M. Wonner à la chapelle de l'Annonciation. Par un privilége du Souverain-Pontife, les prêtres, qui offrent le Saint-Sacrifice dans un des lieux consacrés par un des mystères que l'Eglise célèbre, peuvent y dire la messe de la fête, tous les jours de l'année ; c'est donc celle de l'Annonciation que j'ai entendue : comme toutes les paroles de l'Evangile de ce jour étaient propres à exciter les sentiments de foi, de piété, d'amour de Dieu ! Puis au *Credo*, ces mots : *Et incarnatus est de Spiritu Sancto ex Maria virgine.* Et, au dernier Evangile, ceux-ci : *Et Verbum caro factum est.* Je ne pouvais trouver de paroles pour exprimer ce que je sentais ; je ne savais que bénir Dieu, dans le fond de mon cœur, de la grâce insigne qu'il m'accordait en ce jour.

Mont Thabor, 28 septembre.

Quelle belle journée que celle-ci! Commencée à Nazareth, continuée sur le Thabor, elle sera achevée à Tibériade!

Partis à la pointe du jour, nous étions arrivés, en deux heures et demie de marche, sur la montagne Sainte, — c'est l'expression de saint Pierre (*cùm essemus cum ipso in monte Sancto*); sur cette montagne qui a été témoin... dirai-je d'un mystère? dirai-je d'un miracle? — Non; car, ainsi que l'observe avec raison M. de La Luzerne, le mystère était dans l'union de la nature divine à la nature humaine; le miracle, dans l'abaissement du Dieu fait homme; et ce miracle de trente-trois années entières n'a été suspendu qu'un seul jour — précisément celui où, dans le lieu même où je suis, le Père céleste a manifesté la gloire de son fils unique, de son fils bien-aimé, devant trois hommes privilégiés entre tous; où tout ce qu'il y avait de plus auguste dans l'ancienne loi, les Patriarches et les Prophètes, représentés par Moïse et par Elie, se sont inclinés devant lui.

L'Evangile ne nomme en aucun endroit le Thabor; il se borne à dire que Jésus prit avec lui trois Apôtres, Pierre, Jacques et Jean, qu'il les conduisit sur une montagne élevée, et que là il se transfigura devant eux. Mais une tradition générale et constante dans l'Eglise a placé ici le lieu de cette grande scène, et il n'est pas un chrétien qui, dès son enfance la plus tendre, ne soit accoutumé à associer les deux noms de la Transfiguration et du Thabor. Et quelle montagne, dans la Palestine entière, aurait été mieux choisie pour la manifestation de la gloire du divin Sauveur? Entièrement isolée, sauf en un seul point, où elle tient, par un col qui n'atteint pas la sixième partie de sa hauteur totale, à la chaîne des collines au milieu desquelles est enfermée Nazareth; s'élevant dans la forme d'un cône tronqué, dont la section supérieure serait légèrement arrondie; couverte d'arbres et d'arbrisseaux verdoyants, de la base jusqu'au sommet, elle est réellement belle entre toutes.

A peu de distance du point culminant, on descend par un escalier dans une grotte faite de main d'hommes, et non fermée, au fond de laquelle des pierres brutes ont été superposées en forme d'autel. Sur la gauche, s'ouvre une arcade, par laquelle on entre dans une seconde grotte plus obscure; sur les trois autres faces de celle-ci sont disposés des autels semblables. Le tout est dans un état de dégradation affligeant pour l'œil et surtout pour le cœur du chrétien. Tous les ans, le 6 août, la communauté de Nazareth vient y célébrer le Saint-Sacrifice en grande solennité. Les prêtres qui font le pélérinage des Lieux Saints peuvent, avec l'autorisation du Père gardien de Nazareth, y dire la messe sur un autel portatif, qui est enfermé dans une cassette avec les vases et ornements sacrés. Toutes les dispositions nécessaires ayant été prises à cet effet, j'ai servi la messe de M. Wonner, laquelle, par suite du privilége dont je parlais hier, était celle de la Transfiguration de Notre-Seigneur, et j'ai encore eu le bonheur d'y communier. « Seigneur, il fait bon d'être ici, dressons-y trois tentes, » avait dit saint Pierre : en souvenir de cette parole, nous avions désiré camper sous la tente sur le Thabor, comme nous l'avions fait sous les Cèdres, quinze jours auparavant; la difficulté de la montée pour des mulets chargés, et surtout l'impossibilité de trouver de l'eau au sommet ou même sur le revers de la montagne, nous ont empêchés d'exécuter ce projet. Mais le but essentiel était atteint. Et nous aussi, nous disions du fond de nos cœurs : *Il est bon d'être ici!* — Mais bientôt il me semblait entendre le Dieu que j'allais recevoir, m'adresser cette réponse : — Non, mon fils, ce n'est ni ici, ni en quelque lieu que ce soit de la terre, qu'il est bon pour l'homme de demeurer. La terre n'est pour lui qu'un passage : c'est au Ciel, au Ciel seul, qu'il lui est permis de chercher le repos. Et ce Ciel, quel est le chemin qui y conduit? Bien plus souvent le chemin de Gethsémani et du Golgotha que celui du Thabor. Mes voies sont diverses envers mes élus; je puis les faire passer, suivant qu'il me plaît, par la gloire ou par les humiliations, par la joie ou par les souffrances; mais la voie la plus fréquente et la plus sûre, c'est celle de la Croix; et si nous ne la portons pas constamment, nous devons du moins nous tenir prêts à la porter tous les jours et à tous les instants de notre vie.........

Tibériade, 29 septembre.

De toutes les parties de la Palestine, une de celles que je désirais le plus ardemment visiter, c'était le lac de Tibériade et la contrée qui l'environne. C'est là, c'est dans ce coin de terre, privilégié entre tous, que notre Sauveur a voulu passer la plus grande partie des trois années de sa vie active. C'est là qu'il a choisi, parmi de pauvres pécheurs, la plupart de ses Apôtres, des prédicateurs de sa sainte loi. Là, il montait sur une barque, et s'en servait comme d'une chaire pour enseigner le peuple. Là, il ordonnait à Pierre de jeter le filet, et, les mailles de celui-ci se rompant sous le poids des poissons : Venez à moi, disait-il, et je vous ferai pêcheur d'hommes. Là, il lui ordonnait de paître ses agneaux et ses brebis. Une tempête s'élevait-elle sur le lac? Il commandait aux vagues agitées ; et, à l'instant même, elles s'apaisaient à sa voix. Une autre fois, il marchait sur les flots, et il tendait la main à son Apôtre pour l'aider à y marcher à sa suite. La multitude, qui était venue l'entendre, souffrait-elle de la faim? il la prenait en compassion ; un petit nombre de pains et de poissons, multipliés à sa parole, la rassasiaient. C'est près de là, sur cette cime élevée, qu'aujourd'hui encore, en souvenir de lui, on appelle le *Mont des Béatitudes*, que, dans un langage que le monde n'avait jamais entendu, il proclamait heureux les pauvres, ceux qui pleurent, ceux qui souffrent ; là, qu'il prononçait ce magnifique *sermon sur la Montagne*, que nous lisons aux chapitres 5, 6 et 7 de saint Mathieu, et que j'appellerais la plus belle page de l'Evangile, s'il était permis d'établir des points de comparaison là où tout est également admirable, sublime, divin. C'est sur ce rivage qu'était Capharnaüm, cette ville qu'il avait choisie pour son habitation principale, qu'il préférait à Nazareth, qui est appelée dans l'Evangile la ville de Jésus :

Et venit in civitatem suam. C'est là qu'il a guéri le lépreux, le serviteur du centenier, le paralytique, et tant d'autres : pour faire l'énumération de tous les événements de sa vie qui s'y rattachent, il faudrait copier presque la moitié de l'Evangile.

Il semble que le lac de Tibériade a inspiré heureusement tous les voyageurs qui en ont parlé. Les protestants Robinson et Lynch lui ont consacré des pages où respire un sentiment de foi et de piété aussi profond que celui dont surabondait le cœur des catholiques les plus fervents, tels que Géramb et Mislin. La plume, trop souvent sceptique, de Lamartine est devenue chrétienne pour le peindre, et la page qu'il a écrite à Tibériade est assurément la plus belle, la mieux sentie de tout son voyage. Et toutefois, chose étonnante! il n'est pas dans toute la Palestine de partie qui ait été visitée aussi superficiellement que celle-ci. Plusieurs voyageurs bien dignes de l'apprécier, comme M. Poujoulat par exemple, ont été empêchés, par une maladie contagieuse qui régnait dans cette contrée, d'y porter leurs pas. Les autres n'ont fait que l'entrevoir rapidement et d'une manière superficielle. Il n'en est pas un qui n'exprime son regret de n'avoir pu, pour tel motif ou pour tel autre, y faire un plus long séjour. Et moi aussi, ce n'est pas sans de vifs regrets que je m'en suis éloigné. Je n'ai vu le Jourdain, ni à son entrée dans le lac, ni à sa sortie; je n'ai point vu Tarichée, ni la côte orientale dans toute son étendue. Mais du moins il m'a été donné de parcourir, pendant neuf heures entières, la plus belle partie de ses rives, et de visiter les ruines de Bethsaïda et de Capharnaüm.

Je rappelais tout à l'heure que Jésus avait eu pour Capharnaüm une prédilection particulière. Mais cette ville, par son ingratitude, a mérité qu'il lui adressât cette parole de reproche et d'imprécation : « *Et tu, Caphar-* » *naüm, usquequò ad cœlum exaltaberis ? usque ad infer-* » *num descendes.* » Et j'ai vu cette prédiction accomplie à la lettre. Les débris de l'orgueilleuse cité sont là, jonchant le sol, sur le rivage : quelques colonnes brisées, des pierres richement sculptées, attestent son ancienne splendeur ; mais pas un seul de ses monuments n'est resté debout; pas une habitation ne s'est élevée sur ses ruines. — N'oublions pas l'un des plus grands crimes des Capharnaïtes, l'un de ceux qui sans doute ont davantage provoqué contre leur cité la vengeance divine. Ils ont été les précurseurs des hérésiarques qui devaient, quinze siècles plus tard, nier la présence réelle de N.-S. dans l'Eucharistie ; ils n'ont eu que des paroles de doute, d'incrédulité, de blasphème, pour répondre à celles par lesquelles Jésus leur annonçait clairement qu'il fallait manger sa chair et boire son sang pour avoir la vie. Mais pendant que cette histoire se retraçait tristement à ma mémoire, voici qu'un autre souvenir — celui de la foi, de l'amour de Pierre exprimé le même jour, dans ce même lieu, — est venu me consoler; et je me suis mis à répéter avec lui : « Seigneur, à qui irions-nous? vous » avez les paroles de la vie éternelle, et nous croyons, » et nous confessons que vous êtes vraiment le Christ, » le fils de Dieu. »

Je suis resté près de deux heures à Bethsaïda. Cette ville a été aussi l'objet de la malédiction de Jésus-Christ. « *Væ tibi, Bethsaïda !* » Comme à sa voisine, il ne lui reste pas une maison, pas un habitant. Mais on y voit un grand nombre de fontaines, de bassins, de réservoirs, d'aqueducs, les uns à moitié ruinés, les autres encore intacts, qui forment un ensemble très-imposant. Dans ce coin de terre favorisé par le ciel, les sources jaillissent de toutes parts, en grande abondance, et répandent une délicieuse fraîcheur; on ne les entrevoit que par intervalles entre les roseaux et les arbrisseaux qui les couvrent de leur ombrage; mais partout on entend leur murmure, si agréable dans une contrée surtout où l'on est quelquefois une journée entière sans voir un filet d'eau courante. J'étais tenté de dire avec le poète latin : *Ille terrarum mihi præter omnes angulus ridet.*

Mais bientôt, repoussant ce souvenir profane, je me rappelais que Bethsaïda avait été la patrie des Apôtres Pierre, André, Jacques, Jean et Philippe ; j'invoquais ces grands Saints, et je les priais de demander pour moi une goutte de ce torrent de foi et de charité dont leurs âmes avaient été inondées.

Nazareth, ce vendredi 1er octobre, (au retour
du Thabor et de Tibériade).

Venant de vous donner, sur feuilles à part, mes réflexions relatives aux saints lieux que nous avons déjà visités, je me bornerai, mes chers amis, à consigner dans cette lettre nos aventures de voyage. Nous en avons eu quelques-unes de tristes, sous le rapport des santés : un de nos moukres, puis deux muletiers sont tombés malades; enfin notre jeune ami a eu son tour. Il faut vous dire que, depuis notre départ de Beyrouth, je suis le seul dont la santé n'ait pas souffert. Lundi matin, après avoir couché sous la tente, M. Gentil s'est trouvé indisposé; il n'a pas été en état de nous accompagner dans notre petite excursion, que nous avons commencée mardi. Nous l'avons retrouvé hier matin mieux portant, et en état de partir demain avec nous pour Jérusalem, où M. le curé, souffrant aussi, pourra se reposer tant qu'il en aura besoin : il me tarde, pour eux, d'y arriver. Quant à moi, je ne me suis jamais mieux porté, je ne me sens pas la moindre fatigue. — Maintenant, je reprends mon récit.

Du Carmel ici, nous avons d'abord traversé la plaine d'Esdrelon, qui, dans cette partie, est assez bien cultivée, et réellement belle; puis une chaîne de collines plantées en chênes verts, dont la feuille n'est pas découpée comme celle des nôtres, et dont les glands sont plus gros et moins allongés. La dernière partie de la route est assez triste, et l'aspect de Nazareth, si on le dépouillait de ses souvenirs, n'a rien d'agréable. Je vous parle précédemment de l'aspect du Thabor, montagne la plus belle que j'aie vue depuis que je suis en Syrie. De là, à Tibériade, le pays est horriblement laid. On descend dans cette ville par une rampe fort longue, mais pas très-rapide. La ville est petite; elle a été détruite presque en entier par un tremblement de terre, en 1837, et une partie, — précisément le quartier par où l'on entre, — n'a pas été rebâtie, ce qui lui donne un aspect sinistre. La majorité de la population est juive; la seule auberge qu'on y trouve est tenue par l'un d'eux,

qui m'était connu par le récit de divers voyageurs, M.
Weissmann, originaire de Pologne, et sa femme, de
Tunis : c'est un homme de fort bonne mine. Nous
avons pris nos repas chez lui, mais nous avons logé
à l'hospice (c'est ainsi qu'on appelle la maison des
Pères de Terre Sainte), redoutant les *petits animaux*,
qui sont, dit-on, très-communs dans l'*albergo*. —
Il n'y a à Tibériade qu'un seul religieux, de la maison
de Nazareth, et qui est relevé au bout de quelques mois.
La maison est très-petite et les voyageurs n'y logent
que par exception. Mais nous avions une lettre du Père
gardien d'ici, et le bon religieux, après l'avoir lue,
nous a offert le logement.

Pendant l'après-midi, nous sommes allés nous promener en barque; il en existe deux sur le lac, dont on
pourrait faire le tour d'une manière très-agréable, si l'on
avait à bord des gens plus expérimentés; mais ils ne
sont pas forts sur la manœuvre, et en voici la preuve.
Nous nous étions fait débarquer aux bains chauds d'Emmaüs, à une demi-lieue de la ville; quoique restaurés il
y a dix-huit ans, par Ibrahim, ils sont déjà tellement
délabrés, qu'ils ont l'apparence d'une ruine moderne :
après les avoir visités, nous sommes remontés en barque
et avons poursuivi notre promenade vers le Sud. Mais
quand il a été question de revenir, le vent était contraire, et le patron n'a trouvé d'autre moyen de lutter
contre lui, que de se mettre dans l'eau, et de nous hâler
à l'aide d'une corde : voilà comment ces bons Turcs savent naviguer. Quand nous nous sommes trouvés en
face d'Emmaüs, il commençait à faire nuit : nous avons
alors débarqué, pour continuer le chemin à pied. Nous

avions eu l'intention de louer la barque pour toute la journée du lendemain, mais cette expérience n'était pas propre à nous séduire : aussi, le mercredi matin, j'ai fait, accompagné de notre drogman et du frère de celui-ci, une promenade à cheval de neuf heures, compris une heure et demie de station, sur les bords du lac. J'ai passé là une matinée délicieuse. Il faut vous dire que le premier aspect du lac n'avait pas été favorable. La partie où se trouve Tibériade, et celle que nous avions longée la veille en barque, est la moins belle, les montagnes descendent jusqu'aux rives, et l'on ne voit qu'une rare et maigre végétation. Il en est à peu près de même au Nord de la ville, pendant environ une lieue. Mais là, près du village d'El-Medjel (l'ancienne Magdala, patrie de Marie-Madelaine), les montagnes s'éloignent, et l'on se trouve dans une belle plaine, à laquelle il ne manque que de la culture pour être un des pays les plus fertiles de la terre. On chemine entre des bosquets de lauriers-roses et autres arbustes fleuris; on traverse plusieurs ruisseaux d'une eau limpide; plus loin, on trouve, près d'un khan ruiné, une belle source sortant du roc, ombragée par un figuier; un second à quelques pas plus haut sert d'abri aux voyageurs; à côté, une prairie, du plus beau vert, la première de cette couleur que j'eusse rencontrée depuis que j'ai quitté l'Europe. Bientôt, après avoir traversé un promontoire, où le chemin est taillé dans le roc, et d'où l'on jouit d'un coup d'œil admirable sur le lac, on arrive aux ruines de Bethsaïda; je n'ai fait que les traverser en allant, voulant visiter, à une demi-lieue plus loin, celles de Capharnaüm, dont je vous ai déjà parlé. J'aurais désiré pousser jusqu'au point où le Jourdain entre dans le lac, et dont je n'étais éloigné que d'environ une lieue ; mais les chevaux étaient fatigués : je suis donc revenu à Bethsaïda, où j'ai fait une longue halte. C'est un endroit réellement enchanteur. Les sources que la Providence a mesurées avec tant de parcimonie aux habitants de ce pays, jaillissent à chaque pas dans cet heureux coin de terre. On y trouve une foule de bassins, de réservoirs, d'aqueducs, etc., dont quelques-uns sont à demi-ruinés, d'autres en bon état de conservation ; un de ces derniers fait mouvoir un moulin au bord de la mer. Je ne pouvais me lasser d'errer dans ces solitudes, où nous n'avons rencontré aucun être humain, au milieu des arbustes sous lesquels se cachent ces ruisseaux, qui ne se laissent découvrir que par intervalles, mais dont le murmure vous accompagne partout. J'ai pris là à la main, dans une grotte au bord de la mer, un martin-pêcheur, tout à fait semblable à ceux de notre pays. Nous avons rencontré sur notre chemin plusieurs compagnies de perdreaux ; en revenant, le frère de notre drogman en a tué deux, d'un seul coup de fusil. Nous avons vu deux cygnes sur le lac. — Au retour, j'ai été m'y baigner ; l'eau est douce, et a une température assez élevée ; jamais bain d'eau froide ne m'avait fait autant de plaisir. Cette eau est agréable à boire, sans être très-fraîche ; elle est parfaitement limpide : quand on regarde le lac d'un point élevé, il fait l'effet d'un miroir ; sa couleur est d'un bleu très-clair. — Nous nous étions arrêtés, en allant à Tibériade, au lieu où, d'après la tradition, s'est passé le miracle de la multiplication des pains ; au retour, nous sommes montés au sommet du Mont des Béatitudes ; on l'appelle aussi les Cornes de

Hittin: c'est dans le vaste plateau qui est à ses pieds que s'est livrée, du temps des Croisades, la bataille la plus désastreuse que les chrétiens aient perdue. Nous avons fait hier matin notre halte à Cana sous un vieux figuier, à une centaine de pas de la seule fontaine de ce village, par conséquent celle dont l'eau a été changée en vin. Malheureusement elle est tellement bourbeuse, que je n'ai pu surmonter ma répugnance pour essayer d'en boire. — Hier, dans l'après-midi, je suis allé tout seul me promener, à trois quarts de lieue d'ici, au bas d'un roc, d'où, selon une tradition que je ne crois pas fidèle, les Juifs auraient voulu précipiter Notre-Seigneur; cela m'a fait voir une gorge, de l'aspect le plus pittoresque et le plus sauvage qu'on puisse se figurer. — Ce matin j'ai fait encore, seul avec un guide, une course à cheval à Séphoris, ancienne ville, aujourd'hui modeste village, que l'on croit être le lieu de naissance des parents de la sainte Vierge; j'y ai vu les ruines d'une ancienne église dédiée à sainte Anne, bâtie par sainte Hélène, et, un peu plus haut, celles d'une forteresse romaine.

Nous nous sommes rencontrés ici avec plusieurs voyageurs. A notre première arrivée, un Français habitant Beyrouth, qui parcourt la Palestine avec son fils, pour prendre des vues au daguéréotype. — Hier, au retour de Tibériade, huit Frères de la Doctrine chrétienne, résidant à Alexandrie (dont sept Français), qui font la visite des Lieux Saints pendant leurs vacances. — Aujourd'hui, c'est un jeune officier anglais, qui se rend par terre dans les Indes, où il pense être arrivé dans deux mois et demi.

On nous avait prévenus contre le régime des couvents

de Terre Sainte : je puis rendre témoignage qu'à Nazareth on est fort bien logé, nourri et soigné.

2 octobre. — Ce matin avant de quitter Nazareth, je suis descendu, une dernière fois, dans la chapelle souterraine. J'ai récité l'*Angelus*, qu'on venait précisément de sonner, puis j'ai invoqué Marie, la *santé des infirmes,* le *refuge des pécheurs,* la *consolatrice des affligés,* le *secours des chrétiens ;* je l'ai invoquée pour moi, pour tous ceux qui me sont chers, et généralement pour tous les enfants de *notre Père, qui est dans les cieux.*

Naïm, 2 octobre.

En nous rendant de Nazareth à Djennin, nous avons fait un détour pour passer par Naïm. Ce hameau, situé sur le penchant du petit Hermon, en face du Thabor, n'a rien assurément en lui-même qui mérite d'attirer les regards : c'est ce que j'ai vu de plus triste, de plus laid, de plus misérable depuis que je suis en Syrie (et ce n'est pas peu dire) : quelques huttes, en petit nombre, entre des maisons ruinées, le composent. — Mais c'est à ce lieu que se rattache un des souvenirs les plus touchants de l'Evangile : c'est là que s'est opéré le miracle de la résurrection du fils de la veuve, raconté par saint Luc en quelques lignes bien simples, mais qu'on ne lira jamais sans une émotion profonde. — On montre dans l'intérieur du village un morceau de colonne renversé ; et, à quelque distance au dehors, un autre enfoncé dans le sol : suivant la tradition, le premier marquerait le lieu de la maison de la veuve, et le second, celui de la résurrection de son fils.

Pendant que j'étais là, ma pensée se reportait avec tristesse sur bien des pauvres mères, qui, elles aussi, ont eu la douleur de perdre un enfant chéri. Moins heureuses que celle de Naïm, elles n'ont pas entendu la voix de Jésus dire à celui-ci : « Lève-toi, je te le commande ; » elles ne l'ont pas reçu dans leurs bras, conduit par la main du Sauveur des hommes. Toutefois, ne pensez pas, pauvres mères désolées, qu'il soit sans commisération pour vous : il a reçu votre enfant dans son sein paternel ; et si aujourd'hui il ne suspend pas en votre faveur les lois de la nature, comme il l'a fait ici une fois, il le tient en dépôt pour vous le rendre un jour : il vous le rendra, non pas sur la terre de douleur et d'exil, mais dans la céleste patrie ; il vous le rendra pour toujours ; car là, il n'y a plus à craindre de séparation, ni de mort. Ainsi croyez, espérez, aimez, et vous aussi vous entendrez au fond de vos cœurs cette parole divine : « Ne » pleurez plus. » Ou, si vos larmes ne peuvent tarir, vous vous souviendrez de cette autre parole — c'est encore notre divin Maître qui l'a prononcée : — « Bienheureux ceux qui pleurent ! parce qu'ils seront » consolés. »

Djennin, 2 octobre. — Il n'y a pas à Nazareth de service régulier organisé pour les correspondances ; on attend une occasion pour envoyer les lettres à Saint-Jean-d'Acre ou ailleurs ; je n'ai donc pas voulu courir cette chance, et je ne fermerai ma lettre qu'à Jérusalem. — Nous voici au terme de notre première journée, qui est très-courte ; aussi, bien que nous ne soyons partis que peu avant le lever du soleil, et que nous nous soyons détournés d'une lieue pour passer par Naïm, nous étions ici à midi et demi ; nous venons de dîner de bon appétit, et je consacre le reste de la journée à écrire. Nous avons traversé aujourd'hui l'immense plaine d'Esdrelon, qui, bien que peu cultivée, offre de forts beaux aspects. Le petit mont Hermon (qu'on appelle ainsi pour le distinguer du grand, qui est dans l'Anti-Liban) est comme planté au milieu ; il la divise en deux branches, dont l'une se dirige vers le Thabor, et l'autre, beaucoup plus vaste, de ce côté-ci. Nous étions à Naïm à une lieue environ d'Endor, où Saül consulta la Pythonysse, et où, dit-on, se trouvent encore de nombreuses cavernes : nous avons vu de loin les montagnes où il a été tué. Plus tard, nous avons laissé à notre gauche, à une petite distance, le village de Zérin (l'ancienne Jesraël), où se trouvait la vigne de Naboth.

Je reprends quelques détails que j'avais omis sur Nazareth. — C'est un bourg d'environ trois mille âmes, dont un tiers catholique, un second schismatique et le dernier musulman. Les Lieux Saints sont en la possession exclusive des catholiques, qui peuvent y prier librement à toutes les heures, sans être troublés par les dissidents : c'est un précieux avantage dont on ne jouit pas à Jérusalem ni à Bethléem. La description de l'église se trouve partout ; je ne vous en dirai que quelques mots. On monte au chœur par une rampe double ; entre les deux escaliers, il y en a un de dix-sept marches qui descend à la chapelle souterraine ; l'autel de celle-ci est à la place où se trouvait la sainte Vierge lors de l'apparition de l'ange ; il est en marbre blanc, la partie inférieure ouverte, comme l'intérieur d'une cheminée : au fond de celle-ci sont gravés sur le marbre ces mots : *Verbum caro hîc factum est ;* un peu en avant, sont trois lampes toujours allumées, et trois vases remplis d'immortelles; trois autres sur l'autel, entre les chandeliers. Sur le côté de la chapelle, une colonne, mutilée par les Turcs, indique la place de l'apparition de l'ange. Derrière la chapelle, on voit une suite de grottes, partie naturelles, partie taillées dans le roc, qui faisaient suite à l'habitation de la sainte famille. — Le couvent des Pères de Terre Sainte, dans lequel se trouve l'église, est d'un style lourd et sévère, ceint d'un mur de clôture élevé; il a l'apparence d'une forteresse; la porte extérieure est en fer; la cour est pavée de pierres larges, blanches et luisantes; elle renferme trois citernes. Le lendemain de notre arrivée, les Pères recevaient leur provision de grains, et la cour était remplie par une quinzaine de chameaux accroupis : c'était un spectacle tout-à-fait pittoresque. — Les autres lieux vénérés à Nazareth sont : La fontaine de la Vierge, dans une chapelle souterraine de l'église des Grecs schismatiques; c'est un puits situé au-dessus et à une centaine de pas de la fontaine publique, qui ne fournit qu'une eau bien rare aux besoins de la population. — La boutique de saint Joseph, dans laquelle les Pères de Terre Sainte ont une petite chapelle. — La *mensa Christi*, autre chapelle, dont ils sont pareillement en possession : elle a été construite autour d'un gros bloc de rocher, qui en occupe le centre; et où, suivant une pieuse tradition, Notre-Seigneur aurait quelquefois mangé avec ses Apôtres. — L'ancienne synagogue dans laquelle il a interprété un passage d'Isaïe; elle appartient aux Grecs catholiques. — Enfin le *roc du précipice*, dont il est question dans ma dernière lettre.

Je vous ai déjà dit que l'aspect de Nazareth avait quelque chose de triste et de sévère. Nous commencions à descendre un large ravin, croyant être encore loin de la Ville Sainte; et voici qu'on nous montre, à nos pieds, un groupe de maisons à toits plats, au-dessus desquelles perçait le minaret d'une mosquée, entouré de quelques cyprès; la tour de l'église du couvent était trop modeste pour se laisser apercevoir. La seule verdure qu'on distinguât dans le vallon, était celle de l'olivier et du nopal. Quand on arrive par le chemin du Thabor ou par celui de Cana, les maisons de Nazareth, se groupant par étages sur le revers opposé à celui par lequel on descend, ont quelque chose de pittoresque. — J'ai reçu à Nazareth plusieurs visites : d'abord, celle de l'ancien drogman de M. de Saulcy, que j'avais rencontré l'hiver dernier, à Paris; puis, l'agent consulaire de France, vieux Arabe, nommé Koubroussi, est venu avec son fils, ce dernier parlant fort bien le français : il faut convenir que c'est là un excès de politesse. J'ai rendu la visite, et il a fallu passer par le chibouc et le café noir.

On nous a fait dans ce pays une frayeur extrême des Bédouins. D'abord, la route de Caïffa à Nazareth n'était pas sûre, disait-on; de Nazareth à Tibériade, c'était bien pire; il fallait absolument prendre, comme renfort, un guide du pays, qu'on avait bien soin de désigner : bref, nous avons compris qu'on voulait nous exploiter, et avons refusé les offres de service. Nous n'avons pas eu

l'ombre d'une mauvaise rencontre sur toute notre route.
Comme en même temps on assurait que celle de Jérusalem était sûre, nous nous tenons pour parfaitement
tranquilles maintenant.....

Jérusalem, 6 octobre.

Arrivés ici hier, à neuf heures du matin, ayant
déjà beaucoup visité, je remets à une autre lettre à
écrire mes impressions : j'ai besoin, en effet, de voir
les lieux plusieurs fois, avant de recueillir mes souvenirs; car ils se pressent tellement dans ma tête qu'ils
sont un peu confus. — Je me borne à ce qui concerne
l'aspect physique. —La vue dont on jouit quand on dé-
couvre Jérusalem , du côté par où nous sommes arrivés, est réellement magnifique, et je me félicite de ce que
notre marche a été ainsi dirigée; car, par la route de
Jaffa, qui est celle que prennent la plupart des voyageurs,
on n'aperçoit la Ville Sainte qu'au moment même où
l'on va y entrer. — J'ai bien reconnu la justesse de ces
paroles de M. d'Estourmel : « Jérusalem est une reine
» dépouillée, mais c'est encore une reine. » Comme
ville, et en faisant même abstraction de ses augustes
souvenirs, elle est assurément ce que nous avons vu de
plus beau, de plus imposant.

De Djennin ici, nous avons traversé un pays de montagnes, d'un aspect varié et souvent pittoresque; les chemins fort supportables, quand on vient de voyager dans
le Liban. D'immenses plantations d'oliviers et de figuiers

dans certains points. Le premier jour, passé au pied d'un village, autrefois forteresse, situé sur un mamelon ; l'opinion la plus commune place là l'ancienne Béthulie. — Puis nous avons fait notre pause au village de Sébastiels (l'ancienne Samarie), pareillement sur une colline isolée. On y voit les ruines d'une ancienne église dédiée à saint Jean-Baptiste, dont les reliques avaient été portées dans cette ville ; puis une quantité nombreuse (plus d'une centaine) de fragments de colonnes debout, la plupart jusqu'à la naissance du chapiteau, sans compter ceux qui sont gisants sur le sol. Nous avons couché à Naplouse (l'ancienne Sichem) : c'est une ville encore assez considérable, et moins laide à l'intérieur que ce que nous avions vu jusque-là, y compris même Damas. Je suis monté, avec un petit jeune homme de l'endroit, ne sachant parler que l'arabe, ce qui n'était pas fort agréable, sur le mont Garizim ; j'y ai vu les ruines de l'ancien temple des Samaritains, dont M. de Saulcy m'avait parlé, et montré quelques dessins, pris par lui sur les lieux ; de là au puits de Jacob, ou de la Samaritaine, qui est un des endroits marqués dans l'Evangile dont le souvenir est le plus précieux : malheureusement il est dans un état de dégradation affligeant ; l'orifice bouché aux trois quarts par de grosses pierres ; le puits lui-même comblé en grande partie, et ne contenant plus d'eau : les chrétiens avaient construit tout à côté une église, et les Turcs, après l'avoir démolie, ont étendu sur le puits lui-même leur fureur dévastatrice. — A quelques minutes de là, est le tombeau du patriarche Joseph, gardé par un derviche mahométan ; il n'a rien de monumental. — Peu de lieux renferment autant de souvenirs de l'ancien Testament, que celui-ci. Le lendemain nous sommes passés à peu de distance de Silo, autre ville célèbre dans l'antiquité sacrée; puis à Béthel, qui n'était autrefois qu'un misérable hameau, dans la position la plus triste du monde, entouré de ruines informes. J'aurais désiré y passer la nuit, en souvenir de l'échelle mystérieuse de Jacob, mais on n'y a que de la mauvaise eau, et nous sommes venus, une lieue au-delà, à Birée, ou el Bir, autre ville ancienne, nommée Berooth dans l'Ecriture : suivant la tradition, c'est le lieu où la sainte Vierge et saint Joseph se sont aperçus de l'absence de l'enfant Jésus, en retournant de Jérusalem à Nazareth.... Impossible de vous rendre l'impression que j'ai éprouvée en découvrant Jérusalem : cela m'a reporté au jour où nous nous approchions de Rome, Maurice et moi, et où nous commençâmes à apercevoir la coupole de Saint-Pierre; mais, cette fois, c'était une émotion encore plus vive, plus pénétrante.....

Nous partons demain pour une excursion de quatre ou cinq jours, au Jourdain, la Mer Morte, Hébron, Bethléem, Saint-Jean dans le désert, etc. Mes compagnons se portent assez bien maintenant, moi toujours à merveille. Nous allons déposer nos lettres chez le consul de France, car il n'y a pas de bureau de poste ici.

Bethléem, ce 9 octobre 1852.

Si j'ai bonne mémoire, j'ai promis à mes chères nièces de leur écrire en particulier de l'un des Lieux Saints.

C'est par toi, ma chère Marie, que je commence, et je tiendrai plus que ma promesse ; car cette lettre, datée de *Bethléem*, sera achevée à *Jérusalem*. Après avoir passé une journée pleine dans la Ville Sainte par excellence, nous en sommes sortis avant-hier matin, pour une excursion de cinq jours. Pour aller au Jourdain et à la Mer Morte, il est nécessaire de prendre une escorte ; on passe un traité avec un chef de Bédouins, qui s'engage à vous protéger, et à vous indemniser si quelque chose vous était enlevé : le prix est de 100 piastres (de 20 à 25 fr.) par personne, plus 40 piastres *pour le mouton*, à titre de *pour boire :* il serait plus exact de dire *pour manger*, car cette somme est destinée à acheter un mouton, que les gens de l'escorte mangent entre eux à Jéricho. —, Celle-ci se composait de six hommes ; de plus, nous avions pour compagnons sept ouvriers allemands, faisant leur tour de Terre Sainte. — Nous voilà donc *descendant de Jérusalem à Jéricho*, comme dans la parabole de l'Evangile : Dieu n'a pas permis que nous tombassions entre les mains des voleurs, il n'a pas été besoin de l'aide d'un charitable Samaritain pour nous conduire à bon terme : celui-ci n'aurait pu nous déposer dans quelque hôtellerie, car, après Béthanie, aujourd'hui *Lazariels*, hameau à trois quarts de lieue de Jérusalem, où l'on montre la grotte du tombeau de Lazare, dans laquelle nous sommes entrés, nous n'avons plus rencontré une seule maison. — Depuis le commencement de mon voyage, j'ai pensé à mes amis absents bien des fois et en bien des lieux, mais plus particulièrement là, ce me semble. Je me reportais à ce passage de l'Evangile où il est dit que Jésus aimait Marie, Marthe et

Lazare , et un peu plus loin, qu'il pleura en apprenant la mort de celui-ci. Avec quelle douceur je pensais que nous avons un Dieu qui , loin de condamner l'amitié comme une faiblesse, l'a sanctifiée par son exemple; qui non seulement nous permet de compatir aux souffrances et aux maux de nos amis, mais nous en fait un devoir...

Nous avons pris notre repas de midi près de la fontaine d'Elisée (celle dont l'eau, autrefois amère, a été rendue douce par ce prophète) : elle est très-abondante et agréable à boire. Nous étions peu éloignés alors du Mont de la Quarantaine, où N.-S. a jeûné quarante jours ; nous sommes allés à cheval jusqu'au pied ; puis nous avons gravi, M. Gentil et moi , pour pénétrer dans la grotte la plus considérable, que l'on croit être celle qui a été sanctifiée par sa présence ; elle est grande et belle, on y voit les restes d'une chapelle , construite dans les premiers siècles de l'Eglise par sainte Hélène. Comme je descendais, des guêpes, que j'avais troublées dans leur repos, se sont jetées sur moi avec fureur, et m'ont fait cinq ou six piqûres : dans ce pays, ces vilains animaux sont de la grosseur de nos frelons, et pourtant les plaies qu'elles font sont moins douloureuses que celles de nos guêpes ordinaires. Nous avons couché à Eriho , triste hameau, qui occupe l'emplacement de Jéricho. Le lendemain, partis de grand matin, nous étions avant le jour naissant sur le bord du Jourdain , à l'endroit que l'on croit être celui du baptême de N.-S., le même où les Israélites l'ont passé à pied sec, sous la conduite de Josué. Je n'ai pas manqué de m'y baigner ; l'eau était excellente. Sa couleur est un peu trouble ; la rivière coule avec une grande rapidité ; ses berges , qui sont escarpées et hautes, sont couvertes partout de beaux arbres, principalement de tamarix et d'une espèce de peuplier ressemblant à nos blancs de Hollande : c'est un bocage délicieux. Après une pause de deux ou trois heures, nous nous sommes acheminés vers la Mer Morte. Si on dégageait ce lac célèbre de ses antiques souvenirs, il n'aurait assurément pas cet aspect lugubre que lui donnent la plupart des voyageurs. C'est une très-belle nappe d'eau, d'une limpidité parfaite, et, quand elle scintillait aux rayons du soleil, le coup d'œil était magnifique. J'en ai porté quelques gouttes à ma bouche ; elle est beaucoup plus saumâtre que l'eau de la mer, mais elle ne laisse pas d'arrière-goût mauvais. Ses bords sont habituellement nus et stériles; mais partout où il se trouve quelque source, il y a exception : c'est ce dont j'ai pu juger près d'Ain-el-feschka, où j'ai vu un oasis de près d'une lieue de longueur, formé par de grands roseaux et autres arbrisseaux. J'avais pris cette route avec M. Gentil et une partie de l'escorte, pour visiter en passant les ruines de Gomorrhe : avec la meilleure volonté du monde, impossible à nous de rien voir. En quittant les bords de la Mer Morte, nous avons eu à monter une côte pire que toutes celles que nous connaissions dans le Liban ; il a fallu descendre de cheval, et tirer nos montures par la bride, cela par un soleil ardent et pendant une grande heure : nous n'en sommes pas moins arrivés, une heure seulement après nos autres compagnons, qui avaient pris la route directe, à Saint-Sabas. C'est le nom d'un couvent de Grecs schismatiques, bâti sur le flanc de la montagne où *coule* le torrent de Cédron, entre Jérusalem et la Mer Morte : je parle comme si ce torrent avait de l'eau, et l'on nous

a assuré que, même dans la saison des pluies, il est à sec.
Rien de plus pittoresque, de plus sauvage, que ce lieu,
bien que les voyageurs, à commencer par Châteaubriand,
en aient exagéré l'horreur. Nous y avons passé la nuit ;
nous n'avions plus que quatre lieues à faire pour arriver ici ; le chemin est toujours sur les hauteurs ; nous
avions derrière nous de belles échappées sur la Mer
Morte ; devant nous , dans un horizon entièrement nu,
une seule colline, portant quelques arbres sur son flanc,
et dominée par une mosquée. — C'était le mont des
Oliviers ; puis à sa gauche, apparaissaient par intervalles
quelques maisons de Jérusalem , tantôt celles qui sont
sur le mont Sion, tantôt la mosquée d'Omar, qui occupe l'emplacement du temple de Salomon ; bientôt,
nous découvrons, beaucoup plus à gauche, une autre
colline verdoyante et un bourg à son sommet : c'était
Bethléem. — En approchant, nous sommes passés à peu
de distance d'un petit village qu'on appelle *le village des
bergers ;* au bas de celui-ci, est un terrain planté d'oliviers, et appelé *le champ des bergers :* c'est là que, selon
la tradition, la naissance de J.-C. aurait été annoncée aux
bergers par l'ange.

Nous sommes descendus au couvent, où sont reçus les
voyageurs. Parmi les Religieux, il s'en trouve un qui est
Belge, des environs de Liège, et dont par conséquent le
français est la langue maternelle : le Père gardien a
bien voulu le mettre à notre disposition. Nous en avons
été très-heureux, et le bon Religieux encore plus que
nous, je crois. Nous avons suivi dans l'après-midi la
procession qui se fait tous les jours dans les différents
sanctuaires, savoir — le lieu où est né Jésus-Christ —

celui de la crèche dans laquelle il a été posé — celui où les Mages l'ont adoré — une chapelle dédiée à saint Joseph — une autre aux Saints Innocents — l'oratoire de saint Jérôme — son tombeau — celui de sainte Paule et de sainte Eustochie — enfin celui de saint Eusèbe. — Tous ces lieux sont souterrains; on fait dans chacun une station, et enfin une dernière dans la chapelle des Latins. On suit la procession un cierge à la main; les Religieux vous font ensuite cadeau de ce dernier. Ces cérémonies sont bien touchantes, il ne leur manque que d'être mieux chantées.

Jérusalem, 12 octobre. — Il ne me reste de place que pour poser cette date, et ajouter quelques lignes bien courtes. Le temps me manquerait d'ailleurs pour en dire plus, voulant faire la part de tes sœurs et frères, sans en excepter un, et demain étant le jour de départ du courrier. J'ai été bien heureux de trouver hier soir de bonnes nouvelles de toute la famille, et j'espère en recevoir encore dans trois jours. Je te prie de dire à ta bonne grand'mère que je n'ai pas manqué de prier pour elle dans les divers sanctuaires, et que je continuerai de le faire, principalement les jours où j'aurai le bonheur de communier. Nous avons été assez heureux jusqu'ici pour pouvoir visiter tous les lieux marqués sur notre itinéraire; et déjà plusieurs de ces lieux, que nous avons traversés sans aucun encombre, tels que Damas, sont devenus inaccessibles aux voyageurs, à raison de la guerre contre les Druses, et des progrès de l'insurrection de ceux-ci.

Adieu, ma chère amie, reçois les embrassements bien affectueux de ton oncle et parrain.

J'espère que mon bon ami Hippolyte est rétabli; je
tâcherai de lui écrire directement par le premier courrier.

Hébron, ce 10 octobre 1852.

Si cette date n'est pas tout à fait aussi belle que celle
de ma lettre d'hier à ta sœur, ma chère Pauline, elle a
bien aussi son mérite : c'est le lieu qu'a habité longtemps Abraham, où il a conversé avec Dieu, où il a été
visité par les anges, où il leur a fait servir des pains
cuits sous la cendre, le veau, le beurre et le lait. C'est
ici qu'il a été enterré, ainsi que Sara, Isaac, Rebecca,
Jacob et Lia : leurs tombeaux sont enfermés dans la
grande mosquée, dont nous n'avons pu voir que l'extérieur, car il est interdit aux *profanes* d'y pénétrer.
N'est-ce pas une chose charmante de passer notre dernière nuit sous la tente, dans le lieu même où trois générations de Patriarches ont si longtemps planté les leurs?
Dans une de mes dernières lettres, j'ai parlé de Béthel,
où nous avons passé la veille au soir de notre entrée à
Jérusalem : j'aurais beaucoup désiré y coucher, et je
m'étais proposé de prendre une grosse pierre et de
m'en servir en guise d'oreiller, dans l'espoir que Dieu
m'enverrait quelque bon songe d'échelle mystérieuse.
Partout, je cherche à réunir sur les lieux tous les souvenirs de l'ancien comme du nouveau Testament qui s'y
rattachent. J'ai bien vivement regretté de n'avoir rien
pu découvrir sur la véritable position de Dothaïn, où
Joseph fut jeté dans la citerne, puis vendu par ses
frères : les Arabes le placent près du Jourdain, entre la

mer de Tibériade et le lac Houlé ; mais c'est évidemment une erreur ; car, d'après la Genèse, ce lieu doit être peu éloigné de Sichem.

J'aurais bien désiré aussi voir de près les monts Gelboë, pour vérifier si la malédiction de David pèse encore sur eux : « Que jamais la pluie, ni la rosée du ciel ne tombe sur vous, etc. » Il m'a été impossible d'obtenir aucun renseignement exact sur la situation du mont Nébo, que j'avais bien certainement sous les yeux, dans la vallée du Jourdain et de la Mer Morte. Enfin il faut s'estimer heureux de recueillir sur les lieux tant de documents précieux, surtout ceux du nouveau Testament, qui sont bien plus nombreux. Ainsi, j'ai vu en peu de jours le lieu de la résurrection du fils de la veuve de Naïm, celui de l'entretien de Jésus-Christ avec la Samaritaine, celui de la guérison de l'aveugle-né (à la piscine de Siloë, au bas de Jérusalem, où il existe une très-belle source,) enfin, celui de la résurrection de Lazare : tu juges avec quel délice j'ai lu ces quatre récits admirables de l'Evangile, et tant d'autres, sur les lieux mêmes. J'ai commencé à parler hier à ta sœur de Bethléem ; mais il m'en reste beaucoup plus à dire, et je n'épuiserai pas aujourd'hui. Il y a bien des souvenirs bibliques dans ce lieu : l'histoire de Ruth, la jeunesse de David, etc. Mais comme tout cela pâlit devant le grand mystère qui s'y est accompli ! — Jésus naissant dans une étable ; petit enfant, enveloppé de langes, et posé dans une crêche ; annoncé aux bergers par un Ange, aux Mages par une étoile ; recevant les hommages des uns et des autres, pour montrer qu'il est le Dieu de tous les hommes et de toutes les conditions, mais accordant la priorité aux bergers, parce qu'il a une prédilection particulière pour les pauvres; passant par tous les âges, pour les sanctifier tous, et commençant par être petit enfant, pour nous enseigner, par son exemple, ce que plus tard il a dit : « Si vous ne devenez » semblables à ces petits enfants, simples comme eux, » vous n'entrerez pas dans le Ciel. » — Et puis, ces autres enfants, que nous vénérons sous le titre de *Saints Innocents*, qui ont confessé Jésus-Christ par leur sang, avant de pouvoir prononcer son nom par leur bouche ! — Combien il y a, dans tout cela, de doux et de touchants sujets de méditation !

Le site de Bethléem est tout différent de celui de Nazareth : celui-ci se cache en quelque sorte dans le creux d'une gorge profonde; l'autre se montre au loin, sur le haut d'une montagne. Du couvent, qui est un peu plus bas, les maisons du bourg se groupent par étages d'une manière charmante, et présentent, au coucher comme au lever du soleil, un coup d'œil des plus agréables. Elles sont généralement bien bâties; et les rues sont moins malpropres que tout ce que nous avons vu depuis que nous sommes en Orient. — Le soir nous sommes allés nous promener, avec le bon P. Félix (le religieux belge), *à la grotte de lait :* on appelle ainsi une grotte dans laquelle a été construite une chapelle, et que d'après la tradition, la sainte famille a habitée, après celle où est né notre Sauveur. Je n'ai su qu'après mon arrivée au couvent, l'emplacement précis du *champ des bergers :* je me promets bien d'y aller exprès, la première fois que je reviendrai à Bethléem. Nous avons fait une pause ce matin aux *piscines de Salomon;* ce sont trois immenses bassins, construits par ce roi, dont les eaux étaient conduites à Jérusalem par des aqueducs, et servaient à abreuver cette cité. A côté, se trouve une fontaine, qui est celle qui est appelée dans le Cantique des Cantiques : *fons conclusus*. A quelque distance de là, on voit un vallon planté de très-beaux arbres, et qu'on croit être l'endroit désigné au même lieu par ces mots : *hortus conclusus ;* comme cela nous aurait trop détournés du chemin, nous avons remis à y aller à notre premier voyage à Bethléem, qui n'est distant de Jérusalem que de deux lieues.

La plus grande partie du pays que nous avons traversé aujourd'hui m'a rappelé les *maquis* de la Corse, à la différence qu'ici les buissons, qui sont des chênes nains à feuilles étroites, sont plus petits et moins fourrés. En approchant d'ici, on traverse de vastes plantations de vignes qui s'élèvent presque à la hauteur d'arbres, et n'ont pas la régularité monotone de celles de nos pays : on y rencontre un grand nombre de tours, sur lesquelles le propriétaire monte pour veiller à la conservation de ses fruits. J'en avais vu déjà de pareilles, dans de magnifiques plantations de figuiers en Samarie, et hier autour de Bethléem ; elles m'avaient rappelé différents passages de l'Ecriture, dans lesquels il en est question : par exemple, le Cantique d'Isaïe qu'on chante aux Ténèbres du Vendredi Saint, et l'Evangile des mauvais vignerons. — Un des grands avantages d'un voyage en Terre Sainte, c'est de se rendre un compte exact d'une foule d'images et d'expressions de l'Ecriture, qu'on ne comprenait jusque-là qu'imparfaitement. C'est ainsi que, sans avoir précisément souffert de la sóif, il m'est arrivé quelquefois d'avoir la bouche assez sèche pour saisir la portée de cette parole de Job : *Dimitte me, ut glutiam salivam meam.* Ailleurs, de bonnes gens que je voyais étendus à l'ombre de leurs plantations m'ont fait penser à cette parole souvent répétée dans l'Ecriture : *que tout Israël se reposait sous sa vigne et sous son figuier.*

Jérusalem, 12 octobre. — Ma chère nièce ne serait pas contente, si la date de Jérusalem ne se trouvait pas sur quelque petit coin de ma lettre. Je me contente de la poser, et d'y ajouter quelques courtes lignes, comme je l'ai fait pour ton aînée : et pourtant la bonne lettre que tu m'as écrite et que j'ai lue hier soir en arrivant, mériterait bien un mot de réponse. J'espère comme toi, ma chère amie, que nous ferons ensemble de belles promenades l'année prochaine à Dombasle, sans préjudice de celles des jeudis à Metz. Je t'assure que je t'ai bien des fois désirée près de moi, ainsi que tes sœurs, en pensant au plaisir que vous auriez éprouvé. J'ai lu à M. le curé ce que ta mère et toi me dites pour lui : il n'a garde d'oublier toute la famille dans ses prières. A revoir, ma chère amie, je t'embrasse et suis de tout mon cœur, ton bien affectionné oncle.

Jérusalem, ce 12 octobre 1852.

Et ma bonne amie Thérèse n'aura-t-elle donc pas aussi un mot de souvenir de l'oncle Charles, daté de Jérusalem? C'est à toi, ma chère enfant, que je veux faire le récit de notre journée d'hier. — En partant d'Hébron, nous nous sommes un peu détournés sur la gauche, pour voir ce qu'on appelle dans le pays le *chêne d'Abraham*. Ce n'est pas à dire que ce soit le même sous lequel s'est reposé ce saint Patriarche; mais c'est, avec un autre dans le voisinage, qui est moins gros, le seul représentant de ces arbres qui étaient autrefois très-abondants dans la vallée de Mambré. Celui-ci est magnifique; il a environ trente pieds de circonférence, ses branches s'étendent au loin, elles offriraient un beau sujet d'étude au dessinateur. — On nous a dit qu'une dame prussienne venait de passer là, avec ses deux filles, environ trois semaines sous la tente : il y a deux ans qu'elles mènent cette vie, et il n'y a que quelques jours qu'elles avaient quitté ce lieu, pour prendre la route d'Egypte. J'ai pensé ici au beau passage de saint Paul (à la fin de l'Epître aux Hébreux) sur les anciens patriarches, et j'ai récité l'hymne du dimanche de la Septuagésime : *Vos ante Christi tempora*, etc. Nous avons ensuite repris notre chemin de la veille jusqu'aux *piscines de Salomon*, où nous avons fait notre repas de midi; puis, au lieu d'entrer à Bethléem, nous avons pris sur la gauche, pour aller à Saint-Jean *in montana :* c'est le nom d'un village dans lequel se trouve un couvent de Franciscains; de l'église de celui-ci, on descend dans une chapelle souterraine, qui est sur l'emplacement où est né saint Jean-Baptiste. De là, je suis allé avec M. Gentil, pendant que M. le curé fatigué se reposait au couvent, voir les ruines d'un ancien couvent de Bénédictins, bâti sur le lieu même de la Visitation de la sainte Vierge : (c'était la *maison des champs* de Zacharie, où il habitait alors, et il était revenu *à sa maison de ville,* à l'époque où est né le saint Précurseur).

Nous avons récité là à genoux le *Magnificat,* comme nous avions fait le *Benedictus,* dans la chapelle souterraine du couvent. A moitié chemin de ces deux lieux, se trouve la fontaine du village, qu'on appelle *fontaine de la Vierge,* parce qu'on croit que la sainte Vierge venait y puiser de l'eau, pendant le temps qu'elle a habité cette vallée. — Il y a encore deux lieux célèbres à visiter dans les environs : la grotte de saint Jean *in deserto,* sur une montagne, où l'on croit qu'il a passé sa jeunesse dans la retraite, et la fontaine de saint Philippe, où il a baptisé l'officier de la reine d'Ethiopie (voir les Actes des Apôtres); nous irons exprès pour les voir. — J'oubliais de dire qu'à Bethléem, j'avais récité les belles hymnes des premières Vêpres et des Matines de Noël : *Natum redemptorem polo,* et *Jam desinant suspiria :* (tu vois, ma chère nièce, que je t'écris comme à une personne qui a appris et qui comprend le latin). En revenant de Saint-Jean ici, nous sommes passés près du couvent de Sainte-Croix, habité par des religieuses grecques, et que l'on croit bâti sur le lieu où a été coupé l'olivier destiné à la croix de Notre-Seigneur. — Cette contrée est affreuse, et je me suis bien félicité d'être arrivé à Jérusalem par un côté d'où la ville présente un beau coup d'œil.

A revoir, ma chère amie, je penserai bien particulièrement à toi, ainsi qu'à ta bonne tante, le 15 octobre, jour de votre fête; j'espère avoir le bonheur de faire une de mescommunions ce jour, qui tombe précisément un vendredi, dans la chapelle du Calvaire. Tout à toi d'affection.

Jérusalem, ce 12 octobre 1852.

Je veux, mon cher Raoul, commencer à te parler de la Ville Sainte, dans laquelle nous sommes entrés hier soir. Je disais il y a quelques jours à l'une de tes sœurs, que Jésus-Christ avait voulu passer par tous les âges, afin de les sanctifier tous, ainsi qu'on le dit dans la collecte de la messe votive de l'Enfant-Jésus : à Jérusalem, il y a des souvenirs pour tous les âges. — Dans sa première enfance, Notre-Seigneur a été présenté au Temple, aujourd'hui la mosquée d'Omar, dont il est interdit aux chrétiens d'approcher, mais qui, vue de loin, présente un coup d'œil magnifique ; à ce temple qui, pendant bien des siècles, a été le seul lieu sur la terre dans lequel le vrai Dieu fût adoré. Il y a été reçu dans les bras du saint vieillard Siméon, qui a prononcé ces paroles que répète volontiers tout chrétien qui a le bonheur d'être à Jérusalem : *Nunc dimittis*, etc. (c'est là même que l'on croit qu'avait eu lieu le sacrifice d'Isaac ; l'Écriture Sainte ne le dit pas, mais l'historien Joseph le rapporte comme une tradition antique). — C'est encore dans le temple que, dans son adolescence, Notre-Seigneur a étonné les docteurs de la Loi par sa science et par la sagesse de ses paroles. — Puis, pendant sa vie active, nous l'y retrouvons souvent, confondant l'orgueil des Pharisiens. Tout près de là est la piscine probatique, où il a guéri le paralytique : du côté opposé, la fontaine de Siloë, où l'aveugle-né a recouvré la vue. Dans la partie la plus élevée de la ville, est le mont Sion, où David avait son palais : là, était un lieu bien révéré des chrétiens, le saint Cénacle, où a été instituée la Sainte-Eucharistie, et où est descendu sur les Apôtres le Saint-Esprit : hélas! il a aussi été converti en mosquée ; mais du moins on assure que, moyennant un *bakchich* (*pour boire,* — c'est le mot que les voyageurs en Orient entendent le plus souvent prononcer), les bons Musulmans permettent d'y pénétrer, et je me promets bien de m'accorder cette satisfaction. — En face du temple, au-delà de l'étroite vallée de Josaphat, à travers laquelle on suit le lit du torrent toujours sec de Cédron, est le mont des Oliviers; dans la partie inférieure se trouvait le jardin de Gethsémani; la grotte dans laquelle a prié Notre-Seigneur la veille de sa passion, et qu'on appelle encore aujourd'hui la *grotte de l'agonie,* est à peu de distance du torrent; on y célébre la sainte messe tous les jours. A une centaine de pas, un mur, reconstruit nouvellement, renferme quelques oliviers, les plus vieux qui soient dans les environs, et qui appartiennent aux PP. de Terre Sainte. Un peu plus haut, on montre le lieu où Notre-Seigneur a enseigné le *Pater* à ses Apôtres; puis celui où ces derniers ont composé le *Symbole.* Un peu plus haut encore, le lieu où Jésus-Christ a pleuré sur Jérusalem. — Enfin, au sommet du mont, là où s'élève une mosquée, Jésus-Christ est monté au Ciel. Voilà, mon cher ami, bien des souvenirs, et pourtant je n'ai pas mentionné les plus précieux de tous : ceux du Calvaire et du Saint-Sépulcre, très-voisins l'un de l'autre, et tous deux renfermés, avec plusieurs autres lieux vénérés, tel que celui de l'Invention de la Sainte-Croix, dans l'enceinte d'une même église, qui porte le nom de *Saint-Sépulcre*. Je l'ai visitée le jour même de ma première arrivée ici, et j'en ai parcouru toutes les parties, que l'on m'a fort bien expliquées ; mais j'ai besoin d'y retourner, et plusieurs fois, pour m'en rendre un compte bien exact. Puis, il me reste encore à suivre la *Via dolorosa*, qui commence au palais de Pilate, et finit à l'église du Saint-Sépulcre : j'ai passé plusieurs fois déjà dans les rues qui la composent, demain nous devons y aller avec un Religieux, et nous arrêter à chaque station pour y faire notre prière. — Voilà, mon cher neveu, quelques détails de lieux qui, j'en suis certain, te feront plaisir. Certes, il y a ici de quoi retremper fortement sa foi. Puisse la nôtre être toujours agissante, c'est-à-dire se traduisant en bonnes œuvres : c'est la grâce que je demande instamment à Dieu et pour moi et pour tous ceux qui me sont chers, et pour toi en particulier.

Jérusalem, ce 15 octobre 1852.

Je ne veux pas que mon cher Gaston croie que je l'aime moins que ses sœurs et frères, et je lui destine aussi une petite feuille. — J'ai entendu et servi ce matin la messe de M. le curé de Notre-Dame dans la chapelle de la flagellation, située tout près du palais de Pilate ; l'autel principal est au lieu même où se trouvait la colonne à laquelle Notre-Seigneur a été attaché, et qui a été transportée à Rome. On croit que c'est dans la même enceinte qu'a eu lieu le couronnement d'épines, mais cela n'est pas aussi certain. — Cette chapelle, qui était ruinée et enterrée sous des amas de décombres, a été relevée il y a peu d'années, et elle est en la possession exclusive des **PP. Latins.** En revenant, nous avons suivi la *Via dolorosa*, et fait notre prière à chacune des stations du chemin de la croix, mais sans nous agenouiller, ce que l'on recommande par raison de prudence. Nous avions, pour nous guider, le **P.** Engelvin, qui est français, du diocèse de Clermont, (le même pour lequel mon ami Teillard m'avait envoyé une lettre) : c'est un homme excellent et d'un grand mérite; il est l'auteur d'un livre intitulé : *Fleurs à Marie.* Les neuf premières stations sont dans les rues de Jérusalem; les cinq dernières dans l'intérieur de l'église du Saint-Sépulcre. En passant devant celle-ci, nous en avons trouvé la porte ouverte, ce qui n'a lieu que rarement, quand les Religieux de l'une des communions chrétiennes en font la demande, et moyennant une rétribution qu'ils paient aux Turcs. Nous avons donc pu achever notre *chemin de la croix*, et comme nous venions de finir notre prière au Saint-Sépulcre, la porte extérieure de l'église s'est fermée derrière nous : c'est une chance heureuse. Nous étions entrés un peu auparavant dans le couvent des Cophtes, situé derrière le chœur de cette église ; dans leur jardin il y a un olivier, qui est très-vénéré, parce qu'on assure qu'il se trouve sur le lieu du sacrifice d'Isaac. Cependant ceci ne s'accorderait pas avec le récit de l'historien Joseph, qui le place sur le mont Moriah, où a été bâti le temple de Salomon, et par conséquent dans une autre partie de la ville. — M. le curé dira la messe demain dans la chapelle de Gethsémani, à l'endroit de l'agonie de N.-S., et après-demain dans la chapelle du Calvaire. J'espère avoir le bonheur de communier à ces deux messes ; je prierai bien pour tous les membres de ma famille et je demanderai pour toi en particulier, mon cher Gaston, que Dieu daigne conserver en toi les grâces dont il t'a comblé le jour de ta première communion. A revoir, mon cher enfant, etc...

Jérusalem, ce 14 octobre 1852.

J'ai eu, ma chère Elise, le bonheur de communier aujourd'hui dans la *grotte de l'agonie :* c'est assurément un des lieux qui sont le plus faits pour ranimer la piété, la ferveur ; c'est proprement celui des âmes qui souffrent, qui sont affligées, soit par la maladie, soit par des tribulations de quelque nature qu'elles soient : à ce point de vue, j'avais peu à demander pour moi-même, moi dont la vie est si paisible et si heureuse. Mais combien de personnes chères, et dans ma famille et ailleurs, ont besoin de consolations! Et j'ai demandé à Celui qui a tant souffert dans ce lieu même, de leur en envoyer, ou plutôt d'être lui-même leur consolateur! Il a prié son Père d'éloigner de lui le calice d'amertume; et il nous montre par là qu'il ne condamne pas les pleurs, les plaintes que la douleur arrache à la nature. Mais il ajoute tout aussitôt : Que votre volonté soit faite, et non la mienne ! pour nous apprendre que la plainte ne peut, sans devenir coupable, aller jusqu'au murmure, et qu'il faut, en définitive, se soumettre avec résignation à la sainte volonté du Père céleste. Oui, que sa volonté soit faite, et non la nôtre! car il sait beaucoup mieux que nous ce qui nous convient. C'est, de toutes les prières, la plus excellente ; et tous les autres vœux, que nous pouvons former, doivent être subordonnés à celui-là.

La grotte de l'agonie est au pied même de la montagne des Oliviers, à quelques pas du torrent desséché de Cédron, tout à côté de l'entrée d'une très-belle église souterraine, dédiée à la sainte Vierge, et où se trouvait autrefois son tombeau, qui n'a renfermé que peu de moments son précieux corps : les Grecs se sont emparés de cette église ; la grotte, au contraire, est en la possession exclusive des PP. Latins. Elle est sans ornements, le roc nu paraît de toutes parts : je préfère beaucoup cela aux draperies et autres ornements, qui, à mon avis comme à celui de beaucoup d'autres voyageurs, défigurent les sanctuaires de Bethléem, du Saint-Sépulcre, etc. — Parlons maintenant du jardin de Gethsémani. Le premier aspect de ce lieu m'a tout dérouté : c'est un terrain clos par un mur élevé et bien blanc, que les Religieux ont fait construire il y a peu d'années : il renferme huit oliviers, mais il laisse en dehors, et le rocher sur lequel les Apôtres se sont endormis, et la grotte où N.-S. a eu la sueur de sang. L'entrée de celle-ci se trouve du côté opposé ; de sorte que la distance paraît beaucoup plus grande qu'elle n'est réellement. L'intérieur du jardin n'est pas tel que je l'aurais désiré : on a nivelé le terrain par des terrassements, et planté des fleurs disposées dans un ordre régulier ; mais les huit oliviers, qui, vus du dehors, paraissent peu de chose, parce qu'ils s'élèvent peu , sont réellement bien beaux , bien vénérables par leur vétusté, et leurs formes tourmentées : il y en a deux surtout , remarquables par leur grosseur, qu'on ne peut se lasser de regarder. Un bon frère, qui est chargé de donner ses soins à ce jardin , y passe toute la matinée : je me promets bien de le visiter souvent.

Je vous ai dit, dans mes dernières lettres, que le lieu de l'Ascension de Notre-Seigneur, au sommet du mont des Oliviers, est marqué par une ancienne chapelle, transformée en mosquée. Le bon Turc qui a la garde de celle-ci permet, moyennant un *bakchich,* qu'on vienne y célébrer la sainte messe, sur un autel portatif. J'y suis entré dans la matinée, et j'ai vu le rocher sur lequel se trouve l'empreinte du pied de Notre-Seigneur. — J'ai oublié de mentionner le lieu du martyre de saint Etienne, qui est sur le chemin même descendant de la porte de la ville qui porte son nom, au torrent du Cédron. — J'ai suivi aujourd'hui les bords de ce dernier, entre la ville et le mont des Oliviers : c'est ce qu'on appelle la *vallée de Josaphat;* là se trouvent, très-rapprochés l'un de l'autre, les quatre monuments qu'on désigne sous le nom de tombeaux d'Absalon, de Zacharie, dé Josaphat et de saint Jacques. Je suis retourné encore à la fontaine de Siloé : c'est ce qu'il y a de mieux, comme beautés naturelles, dans les environs de Jérusalem; je suis, cette fois, descendu au fond de la grotte profonde d'où sort la source; on la dit intermittente, et je comptais m'y arrêter pour l'observer, mais deux Arabes m'y avaient précédé, et je n'ai pas voulu demeurer longtemps dans leur compagnie.

Jérusalem, ce 15 octobre 1852.

Il est bien juste que ce soit avec toi que je m'entretienne directement aujourd'hui, ma chère Thérèse; car, en ce jour de ta fête, tu as naturellement la première part dans ma pensée. Elle t'a suivie ce matin dans la chapelle du Calvaire, où j'ai eu le bonheur de communier ; quelle impression profonde on ressent quand on se dit qu'on reçoit son Dieu dans le lieu même où il a été attaché à la croix et où il est mort pour nous! Et comment pourrait-on laisser subsister dans son cœur un mouvement, je ne dis pas de haine, mais de ressentiment, d'aigreur, d'irritation contre qui que ce soit, en présence de celui qui a prié pour ses bourreaux; de celui qui a tendu ses mains et ses pieds aux clous, qui a tout accepté (suivant la belle réflexion de Wiseman), à l'exception du fiel, pour nous apprendre à ne jamais laisser approcher l'amertume de notre bouche, ni surtout de notre cœur.

Je ne sais si vous avez quelque part un plan du Saint-Sépulcre; il est assez difficile de suivre sans lui la description des lieux. La chapelle du Calvaire est à droite et tout près de la porte d'entrée de l'édifice; on y monte par un escalier de dix-huit marches. Elle renferme deux autels principaux : l'un, au lieu où la croix a été plantée, est aujourd'hui possédé par les Grecs; l'autre, celui où Jésus-Christ y a été attaché, est resté aux Latins. Vis-à-vis la chapelle, et contre la porte de l'église, se tiennent accroupis, sur une natte, deux Musulmans, qui sont les gardiens de la sainte basilique : ils sont là à fumer, à manger, et, ce qui est pis, à parler haut, à la façon des Arabes, de manière à être entendus de la chapelle du Calvaire, où il est besoin de faire effort pour se recueillir comme on le voudrait. — En dehors de l'église, il y a une construction attenante à cette chapelle, qui forme une chapelle extérieure, dans laquelle on peut entrer librement à toute heure : là se trouve un troisième autel, sur la même ligne que les deux précédentes, et, au moyen d'une large ouverture pratiquée dans la muraille, on a la consolation de voir le Calvaire, quand il n'est pas permis d'y pénétrer.

Outre le couvent principal des Franciscains, qu'on appelle Saint-Sauveur, il y en a un second, attenant à l'église du Saint-Sépulcre et qui porte ce dernier nom. Une dixaine de religieux de Terre Sainte y sont renfermés, et y restent trois mois entiers, après quoi ils sont relevés par d'autres. Quand on veut célébrer ou entendre la sainte messe dans la chapelle même du Saint-Sépulcre, il faut aller passer la nuit précédente dans ce couvent, parce que les prêtres catholiques n'y peuvent dire que deux messes, et avant le jour : ce sanctuaire est ensuite à la disposition des autres communions. Nous y irons donc aujourd'hui tous trois, et de bonne heure, pour pouvoir suivre la procession qui se fait tous les jours entre quatre et cinq heures.

Le bon Religieux auquel je me suis confessé (le Père Engelvin, français), sans me rien prescrire à cet égard, m'a fortement engagé à communier, pendant le séjour que je ferai ici, aussi souvent que je m'en sentirai la dévotion. Ainsi, demain, j'aurai encore le bonheur de recevoir la sainte communion au lieu de la sépulture et de la résurrection de Notre-Seigneur. — Puissé-je faire un bon usage de cette surabondance de grâces! car il me semble qu'on ne peut revenir de Jérusalem tel qu'on y est allé; il faut nécessairement, ou qu'on fasse des progrès dans la foi, la piété, la charité, ou qu'on décline; et malheur à celui qui se trouve dans cette dernière catégorie !

Nous avons dîné hier chez le Patriarche. Je crois vous avoir dit que j'avais parlé avec ce prélat, il y a près de deux ans, dans le salon du général de Lahitte, alors ministre des affaires étrangères. Mgr. Valerga est un des plus beaux hommes que je connaisse; il a une barbe blonde magnifique, descendant jusqu'au milieu de la poitrine, et il est parfaitement aimable; il est originaire de Gênes, et parle très-bien le français. Nous avons dîné au patriarchat avec un autre prélat, âgé et bien respectable, qui se trouve ici momentanément le délégué du Saint-Siége pour le Liban : sa résidence est dans la Montagne, aux environs de Beyrouth, et les Maronites sont sous sa juridiction.

Du couvent du Saint-Sépulcre, 16 octobre 1852.

Je pense, mon cher Maurice, que tu ne seras pas fâché de recevoir une lettre datée, non pas seulement de la Ville Sainte, mais du Lieu Saint par Excellence; car ce couvent, qui touche à l'église du Saint-Sépulcre, n'a de communication avec l'extérieur qu'en traversant celle-ci; et, par conséquent, on ne peut y entrer ou en sortir qu'aux heures où elle est ouverte. Nous sommes donc enfermés depuis hier à trois heures du soir, et nous quitterons notre prison à peu près à la même heure aujourd'hui. Cette captivité, toute volontaire, est bien douce pour un chrétien, qui sait qu'il est à quelques pas du lieu de la mort, et de celui de la résurrection de son Dieu. — D'après un règlement, ce sont les Latins qui disent les premières messes au Saint-Sépulcre, au nombre de trois, dont la dernière chantée; et il faut qu'ils aient fini avant cinq heures et demie. M. le curé a dit la seconde, à laquelle j'ai eu le bonheur de communier. Ce sont des moments dont le souvenir ne peut s'effacer de la mémoire, quand même on vivrait plus d'un siècle. Combien j'aurais souhaité voir à côté de moi tant de parents et d'amis qui me sont chers! Du moins ai-je prié pour eux tous et pour chacun en particulier, en même temps que pour moi; et j'aime à penser qu'ils ne m'oublient pas de leur côté en présence de Dieu.

Nous sommes entrés ici au nombre de quatre, avec un séminariste français, logé comme nous à la *Casa Nova;* nous y avons trouvé un prêtre espagnol (du Chili), qui y fait une retraite; plus un Français, M. Midan, qui pourrait dire avec vérité :

« Ce temple est mon pays, je ne connais point d'autres; »

car voici six mois au moins qu'il habite le Saint-Sépulcre. Ce reclus volontaire, qui est jeune et fort instruit, a les goûts et même la vie d'un anachorète. Il nous a accompagnés ce matin avec beaucoup d'obligeance dans la visite que nous avons faité de toutes les parties de la basilique.

Nous n'avons pas ici le confortable de la vie, ce n'est pas ce que nous venions y chercher; mais l'accueil tout affectueux du bon Père président du Saint-Sépulcre, (c'est le nom qu'on donne au Supérieur de cette petite communauté temporaire,) vaut mieux que tout ce qu'il pourrait y avoir de plus recherché, en fait de choses matérielles. — Hier soir, après le *Cena*, j'ai fait avec M. Gentil une suite de stations au Saint-Sépulcre, au Calvaire, à la chapelle souterraine de l'Invention de la croix, etc. Nous étions à peu près seuls, n'ayant, pour nous guider, que la lueur des lampes allumées de loin en loin, et nous nous trouvions dans toutes les conditions propres à exciter le recueillement. Pendant le reste de la nuit, j'ai très-peu dormi : j'entendais, dès une heure, le chant des Grecs, puis celui des Arméniens, qui est une espèce de gamme de deux ou trois notes, alternativement montantes et descendantes : c'est d'une monotonie insupportable. Je n'entreprends pas de faire la description de l'église du Saint-Sépulcre, elle se trouve partout, et il est assez difficile de la suivre quand on n'a pas vu les lieux, à raison de l'irrégularité de l'édifice. Ce qu'il y a de mieux sous le rapport monumental, c'est le chœur, appartenant en entier aux Grecs, et dont la richesse contraste singulièrement avec la modestie de la chapelle où les Religieux Latins font leur office de chœur. L'ensemble de l'édifice n'est pas précisément beau, le goût a beaucoup à y reprendre; cependant il a quelque chose d'imposant. Ceci s'applique particulièrement au monument qui enferme le Saint-Sépulcre, et qu'on appelle la petite coupole, laquelle occupe le centre de la grande. Il se divise en deux parties : au milieu de la première, est une petite table, qu'on appelle la pierre de l'ange, parce que, suivant la tradition, la pierre qui la recouvre est un fragment de celle sur laquelle était assis l'ange qui apparut aux saintes femmes après la résurrection. La seconde partie, où l'on ne pénètre qu'en s'inclinant, et qu'on pourrait nommer le *Saint des Saints,* renferme le Saint-Sépulcre ; elle est à peine suffisante pour le prêtre qui célèbre la messe et les servants. Une table de marbre recouvre entièrement le rocher du Saint-Sépulcre ; on nous a dit qu'elle n'avait pas été soulevée depuis environ deux siècles ; mais il y a peu d'années qu'un fragment de marbre ayant été cassé, un des **PP.** Religieux a pu y introduire la main, et toucher la pierre sacrée. — Nous avons vu, dans un lieu attenant à l'église, et à peu de distance du Saint-Sépulcre, quelque chose de très-curieux : c'est une grotte appartenant aux Cophtes, et renfermant les tombeaux de Nicodème et de sa famille : on peut se figurer ainsi, par approximation, ce qu'est le monument dans lequel a été déposé le corps de Notre-Seigneur. Je donnerais beaucoup pour me trouver, avant mon départ de Jérusalem, avec une personne ayant des connaissances géologiques, et qui eût la complaisance de m'expliquer la fente du rocher du Calvaire, de laquelle les apologistes du christianisme ont tiré un grand parti, et dont la vue a, dit-on, converti plusieurs incrédules : j'avoue humblement que je n'y comprends encore rien.

17 octobre. — Je continue de la *Casa nova,* où je suis rentré hier soir ; M. Gentil a passé une seconde nuit au couvent du Saint-Sépulcre ; M. le curé est, depuis plusieurs jours, logé à celui de Saint-Sauveur. — En recueillant mes souvenirs sur l'église du Saint-Sépulcre, j'en trouve de natures bien différentes. — C'est avec un sentiment profond de tristesse que l'on voit ce sanctuaire, le plus auguste qui soit sur la terre, entre les mains des infidèles, qui en tiennent les clefs, s'en constituent les gardiens, font de son ouverture un objet de trafic, et s'y tiennent d'une manière rien moins que décente. Et pourtant, on ne peut s'empêcher de leur savoir une sorte de gré de la tolérance (bien qu'elle ne soit pas tout à fait désintéressée) avec laquelle ils permettent aux chrétiens d'y accomplir leurs actes de dévotion. — De même, quand on voit un grand nombre de sanctuaires envahis par les Grecs et les autres cultes dissidents, et, pour ceux qui sont restés communs, les heures de prières mesurées aux catholiques avec une précision mathématique et parcimonieuse, on éprouve une impression bien pénible. Il y a toutefois, sous un autre point de vue, quelque chose qui frappe vivement l'imagination, dans la vénération profonde que la chrétienté tout entière porte à ce saint lieu ; dans le prix extrême que chacune des communions qui la composent attache à avoir une participation plus grande à ses sanctuaires ; dans cette ardeur même avec laquelle elles s'en disputent la possession. Et voilà vérifiée cette parole prononcée il y a deux mille et quelques cents ans par un Prophète : *Et erit sepulcrum ejus gloriosum.*

22 octobre. — Plus je vois Jérusalem, plus je le parcours, et plus je me confirme dans ma première impression : à savoir, que, (contrairement à l'opinion générale),

.c'est de tout ce que je connais en fait de villes d'Orient, celle qui est la moins sombre, la moins tortueuse, la moins malpropre : et j'ai remercié Dieu de n'avoir pas permis que la ville où s'est accompli l'auguste mystère de la Rédemption du genre humain, celle qui a été le berceau de l'Eglise chrétienne, et d'où celle-ci s'est répandue sur toute la terre, la ville qui, à ces titres, est plus qu'aucune autre un objet de vénération profonde pour tout ce qui porte le nom de chrétien, fût tombée dans cet état de dégradation abjecte et hideuse dans lequel se sont plus à la représenter la plupart des voyageurs, qui ont chargé leurs couleurs pour faire de la poésie aux dépens de la vérité.

Je lisais dernièrement qu'une des choses qui contribuent à rendre l'aspect de Jérusalem profondément triste, c'est que les terrasses, au lieu d'être plates comme dans les autres villes d'Orient, sont surmontées, au milieu, d'un petit dôme. Il ne faut pas disputer des goûts ; mais le fait est que, pour mon compte personnel, ce genre de construction me plaît beaucoup plus que ces terrasses tout à fait plates, qui sont d'une monotonie insupportable.

Un autre voyageur dit que, sur le revers du mont des Oliviers, il n'y a d'autres arbres que l'olivier et le figuier. — Or j'y ai vu, de plus, le carroubier (très-bel arbre), le grenadier, un pommier sauvage, à feuilles dentelées, dont le fruit, très-petit, a une saveur acidulée assez agréable ; l'abricotier, et le mûrier noir.

Une chose digne de remarque, c'est que les seules villes de Palestine, mentionnées dans l'ancien Testament, qui aient conservé quelque importance, sont, après Jérusalem, Hebron et Sichem (aujourd'hui Naplouse). Ne semblerait-il pas que les ossements des patriarches Abraham, Isaac et Jacob, ensevelis dans la première, et Joseph, près de la seconde, les aient protégées l'une et l'autre ?....

Je reprends ce soir, après avoir fait à ta nièce le récit des courses de cette matinée (1). Je suis sorti une seconde fois de la ville, pour visiter les tombeaux des Juges, puis ceux des Rois, et enfin la grotte de Jérémie, qui est très-belle : c'est de ce lieu, à quelques centaines de pas de la porte de Damas, que ce prophète a, dit-on, écrit ses lamentations. — C'est des tombeaux des Rois que M. de Saulcy a enlevé et transporté à Paris une pierre sculptée, qui recouvrait, à ce qu'il pense, le tombeau du roi David. On se fonde ici, pour le combattre, sur le texte de la Bible, qui dit, en parlant de David : *Et sepultus est in civitate suâ*, et, de tous les rois ses successeurs, à quelques exceptions près : *Sepultus est in civitate David*. Or, la *ville de David* était sur le mont Sion ; et ces tombeaux sont en dehors, non seulement de cette montagne, mais de l'enceinte même de la ville (à une demi-lieue environ du point le plus rapproché). Que pense là-dessus notre docte ami, M. Digot ? Je regrette bien de n'avoir pas apporté les cahiers des *Annales de Philosophie chrétienne*, qui contiennent la dissertation de M. de Saulcy : ce recueil ne se trouve pas ici.

J'ai fait hier une course, qui m'a fort intéressé, à l'ancien Emmaüs, le lieu où Notre-Seigneur, après sa résurrection, s'est fait reconnaître à deux disciples. On a été

(1) Voir la lettre suivante.

très-longtemps incertain sur la situation précise de ce lieu ; enfin, depuis peu de temps, il paraît bien déterminé. Un bon religieux Franciscain, qui était curé de Saint-Jean *in montana,* et qui, depuis quelques jours, l'est de Bethléem, m'a donné là-dessus des indications précises, et m'a procuré un bon guide pour m'y conduire. Je le reverrai à Bethléem dans quelques jours, et je lui demanderai quelques éclaircissements sur les raisons qui ont motivé son opinion. Le lieu de la rencontre de Jésus-Christ et des disciples est pareillement déterminé, et j'ai éprouvé une bien douce satisfaction à suivre, pendant une heure et demie, le chemin qu'ils ont parcouru ensemble jusqu'à Emmaüs. J'ai trouvé là les ruines d'une ancienne chapelle, près de laquelle j'ai pris mon repas de midi avec les vivres que les bons Religieux de Saint-Jean m'avaient donnés.

J'ai assisté ici à une séance de la Société de saint Vincent de Paul. Elle est bien modeste encore, se composant d'une dixaine de membres seulement. J'ai bien regretté de n'avoir pas apporté les derniers comptes-rendus des Sociétés de Metz et de Nancy, pour les offrir à ces Messieurs ; je réparerai cela après mon retour en France.

Je t'embrasse, etc.

Jérusalem, ce 22 octobre 1852.

J'ai écrit par le dernier paquebot à tes trois cousines, ma chère Marie ; aujourd'hui il est bien juste que tu aies ton tour. Je commence par la matinée d'aujourd'hui.

Elle s'est passée presqu'entièrement sur le mont Sion, l'une des parties les plus élevées de cette ville : c'est là que se trouvait le palais de David. Nous y avons visité d'abord le Saint Cénacle : tu sais sans doute que ce lieu est celui où Notre-Seigneur a institué le sacrement de l'Eucharistie, où il est apparu après la résurrection, d'abord aux Apôtres réunis et ensuite à saint Thomas, et enfin où le Saint-Esprit est descendu sur les Apôtres. C'est, après le Saint-Sépulcre, le lieu le plus digne de la vénération des chrétiens ; mais, hélas! il est converti en mosquée, et les Turcs y tiennent beaucoup ; ils n'ont jamais consenti à le rendre, parce que les tombeaux de David et de Salomon y sont renfermés, (du moins telle est leur persuasion). Ces tombeaux se trouvent dans la crypte, ou église inférieure, où il n'est pas permis aux *chiens de chrétiens* de pénétrer. Mais, moyennant un *bakchich*, on entre dans l'église supérieure, bâtie sur l'emplacement même du Cénacle, et qui est aujourd'hui une mosquée, ainsi que je le disais tout à l'heure. Tout près de là est l'ancienne maison de Caïphe, appartenant aujourd'hui aux Arméniens : on y montre l'endroit où saint Pierre a renié son Maître, et celui où Jésus-Christ a été déposé dans une prison, avant de comparaître devant le Sanhédrin : l'un et l'autre ont été convertis en chapelles, et, dans la seconde, les PP. Latins viennent dire la messe, tous les ans le lundi de la Pentecôte, comme dans le lieu le plus voisin du Saint Cénacle, où il ne leur serait pas permis de célébrer le Saint Sacrifice. On montre dans le voisinage un pan de mur, qui faisait partie, dit-on, de la maison dans laquelle est morte la sainte Vierge.

Tous les lieux dont je viens de parler sont actuellement hors de l'enceinte des murailles. En rentrant dans la ville par la porte de Sion, nous avons vu, en premier lieu, l'ancienne maison d'Anne, le beau-père de Caïphe, chez qui Notre-Seigneur a été conduit d'abord, et où il a reçu un soufflet : c'est maintenant un couvent d'Arméniennes; un autel indique aussi la place de la prison dans laquelle Jésus-Christ a été déposé en arrivant. — Puis l'intérieur du couvent des Arméniens, le palais de leur Patriarche, qui est en construction et qui sera somptueux; leur église, bâtie sur le lieu du martyre de saint Jacques le Majeur; les Latins viennent aussi y célébrer la messe, sur un petit autel latéral, le 25 juillet, jour de la fête de ce saint. — Enfin, l'église des Syriens, qui est l'ancienne maison de Marie, mère de Jean Marc, dans laquelle saint Pierre s'est réfugié après sa délivrance de captivité. Lisez-en le récit au chapitre 12 des Actes des Apôtres : c'est une charmante narration.

23 octobre. — Je suis retourné il y a quelques jours à Bethléem et à Saint-Jean *in montana*, pour voir plusieurs lieux où je n'étais pas allé à mon premier passage. D'abord, aux environs de Bethléem, l'endroit appelé dans l'Ecriture Sainte *hortus conclusus* (jardin fermé), soit que Salomon l'eût entouré de murailles, soit que les montagnes entre lesquelles ce terrain est resserré, lui forment comme une clôture naturelle. Il avait conservé jusqu'à nos jours une belle végétation. Voici cinq ans qu'un anglais est venu s'y établir, y a fait de nombreuses plantations, qui ont fort bien réussi; il y a introduit beaucoup de nos fruits et de nos légumes d'Europe, et, chaque année, ce jardin s'étend davantage. — De là, *au champ des pasteurs*. C'est un terrain planté d'oliviers et entouré d'un mur, à une demi-lieue de Bethléem ; on dit que c'est là que les bergers paissaient leurs troupeaux, quand l'ange leur a annoncé la naissance du Sauveur et que la milice céleste a entonné le cantique d'allégresse : *Gloria in excelsis*, etc. Au milieu, se trouve une chapelle souterraine, obscure et très-délabrée, qui est en la possession des Grecs ; j'y suis descendu et y ai fait ma prière ; comme je remontais à cheval (c'était vers le soir), de petits bergers passaient, ramenant au village voisin, qu'on appelle encore aujourd'hui le *village des pasteurs*, leur troupeau de moutons et de chèvres : ce tableau m'a vivement impressionné. — C'est dans les environs de ce champ qu'on place l'histoire de Booz et de Ruth. On montre encore à Bethléem, entre le couvent et le bourg, une citerne qu'on appelle la citerne de David : c'est celle dont il est question au chapitre 23 du 2ᵉ livre des Rois : lisez ce récit, qui est plein d'intérêt. Le lendemain, je suis allé à Saint-Jean, en passant par la *fontaine de Saint-Philippe* : c'est le lieu où l'on croit que s'est passée l'histoire racontée au 8ᵉ chapitre des Actes des Apôtres, et qui est bien belle. — Dans l'après-midi j'ai fait une course à la grotte de Saint-Jean *in deserto*, à une grande lieue du couvent. Ce lieu m'a un peu déconcerté ; rien ne ressemble moins à ce qu'on entend généralement par un *désert*. C'est une solitude très-agréable, sur le penchant d'une montagne escarpée, entourée de beaux arbres : en face, au revers opposé, on voit un village, et, à l'entour, beaucoup de plantations, qui autrefois s'étendaient bien plus loin, à en juger par les nombreuses

7

terrasses disposées pour soutenir les terres. Plus loin , je voyais, sur la cime d'une montagne élevée, les ruines de Modin , où je regrette beaucoup de n'être pas allé : c'était la patrie des Machabées (Judas et ses frères, et leur père Mathathias), qui y ont été ensevelis , à ce que rapporte l'Ecriture Sainte. La troisième journée, celle de jeudi, a été consacrée à l'excursion d'Emmaüs, dont je dis quelque chose à ton oncle : elle a été pour moi pleine d'intérêt , d'abord à raison du fait qui s'y est passé, et qui est une des plus belles scènes de l'Evangile ; puis, à cause de la *Nouvelle* que j'ai écrite sur ce sujet, et que tu connais : j'aurai à y modifier quelques petits détails , d'après la connaissance que j'ai acquise des lieux. — J'aurai, ma chère Marie, bien du plaisir à te revoir dans quelques mois, et à parler plus longuement avec toi des Saints Lieux.

Jérusalem, ce 26 octobre 1852.

Une lettre de ton vieux grand-oncle, datée de Jérusalem, te fera sans doute plaisir, mon cher Charles. J'ai bien souvent pensé à toi, mon ami, depuis que je suis ici ; et tu as eu ta part dans mes prières pour les différents membres de la famille : que Dieu t'accorde de conserver toujours ton âme pure, et de lui être fidèle dans tout le cours de ta vie ! Prie aussi pour moi de ton côté ; car c'est à ceux qui, comme moi, ont le bonheur de parcourir là terre sanctifiée par les pas de Notre-Seigneur, qu'on peut appliquer cette parole de l'Evangile :

« .... Plus heureux ceux qui entendent la parole divine, et qui la pratiquent! »

En relisant les lettres que j'ai écrites à la famille, je vois que j'ai oublié quelques détails; je vais les mettre sur cette feuille. Et d'abord, M. le curé de Notre-Dame a dit la messe, le 18 de ce mois, sur le mont des Oliviers, dans le lieu où Jésus-Christ est monté au Ciel : c'est maintenant une petite mosquée; mais le bon Musulman à qui elle appartient se prête très-volontiers à tout ce qu'on désire, moyennant une légère rétribution : les Religieux de Terre Sainte y viennent même en corps célébrer le Saint-Sacrifice, le jour de l'Ascension. Samedi dernier, j'ai suivi, avec un Père Franciscain, la *Voie de la captivité* : elle commence à Gethsémani; on s'arrête devant la grotte de l'agonie, au lieu où les Apôtres étaient endormis, à celui où Notre-Seigneur a été trahi par Judas; plus loin, près d'un pont d'où, suivant la tradition, il a été jeté par les soldats dans le torrent de Cédron. On arrive, après un long trajet, sur le mont Sion, où l'on fait des stations dans la maison d'Anne, et dans celle de Caïphe : après quoi, on traverse la ville dans toute sa longueur pour aller au palais de Pilate; de là à celui d'Hérode, qui en est très-proche, et encore une fois devant chez Pilate : c'est là que finit la *Voie de la captivité*, et que commence la *Voie douloureuse*, laquelle se termine dans l'église du Saint-Sépulcre. Il y a bien peu de personnes qui suivent la première, beaucoup plus longue que l'autre : aussi me suis-je trouvé heureux de remplir cet acte de dévotion. — Avant-hier, dans l'après-midi, j'ai fait à pied le pélérinage de Bethléem, et suis revenu hier matin de la même manière.

Cette route est pleine d'intérêt; on montre dans le voisinage : — la maison de saint Siméon, ce vieillard qui a reçu Jésus-Christ dans ses bras au Temple, et chanté le cantique *Nunc dimittis;* — puis, un endroit où la Sainte famille s'est reposée : suivant une pieuse légende, il se trouvait là un térébinthe, dont les branches se sont inclinées pour couvrir le divin enfant de leur ombre; — plus loin, le lieu où l'étoile mystérieuse a apparu aux Mages pour la seconde fois; — celui où le prophète Elie s'est reposé, accablé de fatigue, sous un genévrier, et a été soutenu par un ange, qui lui a apporté un pain cuit sous la cendre et un vase d'eau; — enfin la tombe de Rachel, qui, suivant l'Ecriture Sainte, est morte sur le chemin, près de Bethléem, et y a été ensevelie.

A revoir, mon cher ami, etc.

Jérusalem, 26 octobre.

C'est après-demain, ma chère Thérèse, que M. le curé part pour Jaffa : moi j'incline beaucoup à séjourner ici quelques semaines encore; car il me reste plusieurs choses à voir, et je sens que le cœur me saigne à la pensée de quitter aussi tôt Jérusalem. — Nous venons, M. Wonner et moi, de faire la course de Bethléem en vrais pélerins : partis à pied, avant-hier dans l'après-midi, nous sommes revenus de même hier matin (la distance est de plus de deux lieues). J'ai communié, à quatre heures et demie, à la messe de M. le curé, à l'autel de la Crêche. C'est la troisième fois que je voyais Bethléem, et je compte bien y retourner une quatrième encore : j'éprouve un attrait tout particulier pour ce sanctuaire ; malheureusement, dans le couvent, on est dévoré par les moustiques, beaucoup plus qu'ailleurs ; ce qui est étonnant, car on est là sur le sommet d'une montagne, et, par conséquent, on ne devrait pas y être exposé aux inconvénients de l'humidité.

Il me tarde bien, mes chers amis, d'être à l'arrivée du prochain courrier. Le dernier (par la voie de Smyrne), m'a apporté une lettre de Bretagne, mais rien de Lorraine : je présume qu'il en sera arrivé une à Marseille le lendemain du départ du paquebot.

Post-scriptum. 29 octobre. — Ma lettre ci-jointe à notre sœur (1) t'expliquera pourquoi je ne prolonge pas davantage mon entretien avec toi, et me borne à t'embrasser de tout mon cœur.

Jérusalem, 29 octobre.

J'ai écrit, ma chère Elise, aux deux aînés de tes petits enfants, et le bon petit Maurice aurait eu son tour ; mais, le lendemain du retour de Bethléem, quelques heures après ma lettre écrite à Charles, un léger malaise, accompagné de fatigue, que j'avais depuis la veille, est devenu de la fièvre. Celle-ci est du caractère le plus bénin, et n'a rien d'intermittent ; mais il est nécessaire de la soigner, à cause des fièvres nombreuses qui règnent en ce moment à Jérusalem, Bethléem, etc. — Je pensais

____

(1) Voir la lettre suivante.

quelques jours auparavant que j'avais, depuis le premier départ de Beyrouth, une telle surabondance de vie, de santé et de forces, que j'en étais effrayé, parce que je sentais qu'il était difficile que cela durât. Il manquerait quelque chose en quelque sorte à un pélérinage de Terre Sainte, s'il se terminait sans aucune espèce de souffrance ; et quand elles sont aussi légères que celle-ci, on aurait bien mauvaise grâce de se plaindre, à côté de Gethsémani et du Calvaire.

Ceci ne change rien à mes dispositions, puisque j'étais décidé à rester. Mais ce qui me désole, c'est que M. Gentil veut absolument rester aussi, pour me soigner au besoin, comme cet excellent jeune homme l'a fait jusqu'ici avec un dévouement rare. Et je suis poursuivi par la pensée qu'il pourrait tomber malade à son tour.

Je compte donc m'embarquer à Jaffa pour Alexandrie dans une vingtaine de jours. Je ne sais ce que je ferai là ; mais écrivez-moi poste restante à Marseille, et ne tardez pas, sauf à récidiver un peu plus tard, car il vaut mieux que vos lettres stationnent longtemps, que de risquer qu'elles passent inutilement les mers. M. le curé est parti hier matin pour Jaffa.

A revoir, je vous embrasse et aime de tout cœur.

CHARLES.

Ces lignes, datées du 29 octobre, sont les dernières que le pieux voyageur ait écrites. On sait le reste !....

L'accès de fièvre, contracté au retour de Bethléem, ce « *léger malaise dont on aurait eu bien mauvaise grâce de se plaindre à côté de Gethsémani et du Calvaire,* » devait, en peu de jours, devenir mortel. Le 1er novembre, fête de tous les Saints, le malade voulut encore, malgré les instantes prières de son ami, assister à la sainte messe, alléguant que son état n'était point assez grave pour qu'il se refusât cette consolation en une aussi grande solennité. Dans l'après-midi, la fièvre redoubla ; et le lendemain, jour des Morts, à onze heures vingt minutes du soir, sans agonie et presque sans souffrance, Charles s'endormait dans le Seigneur.... Son dernier regard fut pour le Ciel ; son dernier mouvement, alors qu'il ne parlait déjà plus, fut pour saisir et porter avec amour à ses lèvres défaillantes la croix suspendue à la poitrine de la Sœur de charité qui lui donnait des soins.

Dans les papiers renvoyés de Jérusalem, et comprenant, sous la date de *décembre 1847*, les notes manuscrites déjà citées au commencement de ce recueil, on a retrouvé des réflexions bien touchantes sur la résignation du législateur des Hébreux, contemplant, des sommités du Nébo, la terre de Chanaan, où il ne lui est pas permis d'entrer.... Plus heureux à son heure dernière, l'humble chrétien mort à Jérusalem, avait pu voir autrement que de loin sa *terre promise*, cette Terre Sainte, dont, toute sa vie, il avait désiré fouler respectueusement le sol. Avant de le rappeler à lui, Dieu a pleinement comblé ses vœux ; il lui a laissé le temps de visiter avec détail tous les lieux vers lesquels l'avait entraîné l'ardeur irrésistible de sa foi ; il lui a accordé la grâce de participer aux saints mystères dans chacun des sanctuaires augustes que révère la piété des chrétiens.

Et, en attendant qu'il soit donné peut-être à quelqu'un des membres de la famille, d'aller prier sur une tombe d'autant plus chère qu'elle est plus près de celle du divin Rédempteur, l'ami fidèle, qui a reçu le dernier soupir du pèlerin, a pu faire, avec vérité, graver ces simples mots sur la dalle funèbre :

ICI REPOSE

LE CORPS DE CHARLES, COMTE DU COETLOSQUET, DE METZ,

ANCIEN MEMBRE DE L'ASSEMBLÉE LÉGISLATIVE DE FRANCE,

CHEVALIER DE LA LÉGION D'HONNEUR,

MORT A JÉRUSALEM, LE 2 NOVEMBRE 1852,

DANS LA 58me ANNÉE DE SON AGE ;

APRÈS AVOIR ACCOMPLI PIEUSEMENT

SON PÈLERINAGE EN TERRE SAINTE.

REQUIESCAT IN PACE.

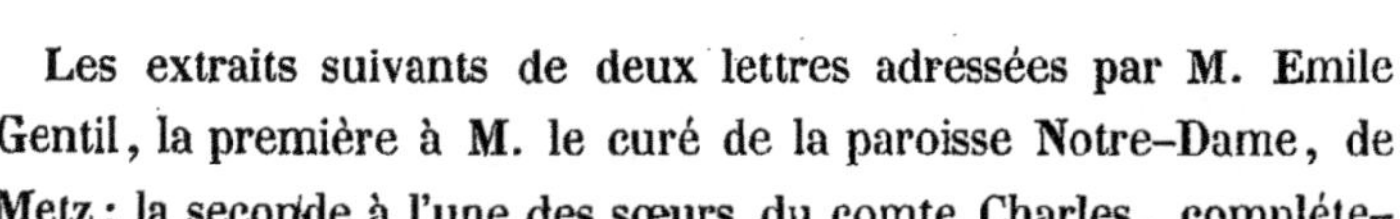

Les extraits suivants de deux lettres adressées par M. Emile Gentil, la première à M. le curé de la paroisse Notre-Dame, de Metz ; la seconde à l'une des sœurs du comte Charles, compléteront les détails qui précèdent sur ses derniers moments.

Jérusalem, 2 novembre 1852, jour des Morts.

Mon bon Monsieur Wonner,

Le plus affreux malheur vient de fondre sur moi : notre compagnon, celui que nous aimions tant, hélas !.... vous devez le pleurer ! Il vient de rendre le dernier soupir, à 11 heures 20 minutes du soir.

Nous étions si heureux de ce pèlerinage, accompli sans accident ; qui aurait jamais imaginé la fin cruelle que la Providence lui réservait !

L'état de notre pauvre ami, loin de s'améliorer comme nous y comptions au moment de votre départ, a toujours empiré depuis. J'étais cependant bien loin de m'attendre à un événement si terrible et si prompt :... hier encore, malgré mes prières, il a voulu aller à la messe à Saint-Sauveur ; et, ce matin même, il me serrait la main en me disant : « Voyez comme mes forces reviennent. » Mais, vers midi, il est tombé dans un état de grande faiblesse ; à 2 heures, il a perdu l'usage de la parole et probablement aussi la connaissance, car ses yeux ne regardaient plus.

Le P. Engelvin, assisté du P. Antoine, lui a donné l'extrême-onction. Le Père curé est venu réciter toutes les prières des Agonisants : c'était un spectacle bien triste et bien pénible que celui-là ! Toutes les personnes de notre connaissance s'étaient réunies dans notre chambre et priaient.... Mais l'âme du juste devait quitter la terre : il s'est endormi sans que sa figure trahît la moindre souffrance. Il n'a eu ni agonie, ni contractions ; sa figure calme, douce et sereine, semble respirer le bonheur des élus....

3 novembre, au matin. — Je ne vous dépeindrai pas toutes les angoisses de cette malheureuse nuit ; je suivais, au milieu des larmes, la respiration de notre pauvre ami, et, lorsqu'elle s'est arrêtée, je me suis approché, j'ai baisé ce front si pur, qui a enfanté tant de belles pensées, tant de bonnes actions... L'abbé Bernard (1) m'a entraîné dans sa chambre ; là, j'ai tâché de surmonter ma douleur, et suis redescendu pour ensevelir le cher défunt. Aidé de deux moines, nous l'avons revêtu de ses habits journaliers ; puis, je l'ai enveloppé dans son manteau blanc.... Il s'en était couvert dans nos jours de fatigue ; hélas ! croyait-il alors avoir acheté son linceuil ?

Comment annoncer cette affreuse nouvelle à sa famille ? Votre cœur de prêtre, votre cœur d'ami, vous dictera des consolations que je ne pourrais donner en écrivant.... Le P. Engelvin est venu prier près du corps de notre ami ; il nous a dit des choses si touchantes sur la mort de ce juste, que tous les assistants pleuraient... Notre pauvre

____

(1) Jeune séminariste de Saint-Sulpice, en pèlerinage à Jérusalem.

comte, dans son manteau de pèlerin, ressemble à ces chevaliers francs, qui, au temps des Croisades, sont venus mourir à Jérusalem ; sa figure conserve toujours cette expression de tranquillité et de bonheur qu'il avait en rendant le dernier soupir... Le corps doit être déposé ce soir, à 4 heures, dans l'église Saint-Sauveur où il passera la nuit ; demain matin, nous le conduirons au cimetière latin. Je veux, avant cela, aller choisir la place de la tombe...

A Dieu, mon pauvre ami ; priez pour lui, priez pour moi.

Emile Gentil.

Jérusalem, 14 novembre 1852.

Madame ,

Le pauvre pèlerin, seul maintenant !.... à plus de mille lieues de son pays, veut, avant de quitter Jérusalem, vous adresser quelques lignes, quelques détails sur le douloureux événement qui lui a ravi, le 2 novembre, celui qu'il chérissait comme son meilleur ami. Je vous avais promis de ne point abandonner votre bien-aimé frère, s'il tombait malade.... j'ai tenu ma promesse.... Je l'ai soigné comme j'aurais soigné mon père ; ma chambre était la sienne ; mon lit, placé près du sien, me tenait à ses côtés toute la nuit. J'ai accompli jusqu'au bout la triste tâche que la Providence m'avait réservée ; j'ai accompagné jusqu'à sa dernière demeure mon pauvre compagnon. J'avais tant prié pour lui ! J'aurais été si heureux, si fier, de vous le ramener bien portant. Mais Dieu appelait à lui le pieux pèlerin ; et ni mes soins ni les secours de l'art n'ont pu le sauver. Notre pauvre ami avait si vigoureusement supporté toutes les fatigues de ce long et pénible voyage, que je ne pouvais croire que celui qui, la veille encore, assistait pieusement à la messe, fût si près de son heure dernière....

Les dernières lettres qu'il écrivait à tous les membres de votre famille étaient restées inachevées à l'époque du départ de M. le curé de Notre-Dame. Je le suppliai d'y ajouter quelques mots et d'y mettre l'adresse. Il accéda à mon désir avec peine, car il craignait que vous ne vissiez qu'il souffrait, et voulait attendre qu'il fût un peu mieux. Enfin, à force de peines, le pauvre malade parvint à essayer de vous prouver qu'il se portait bien. Les lettres furent achevées ; je les cachetai, et elles purent encore partir par le paquebot : combien je me félicite maintenant de vous avoir obtenu çe dernier adieu.

Si vous aviez vu, Madame, avec quelle angélique douceur il souffrait ; comme il était reconnaissant du moindre soin, de la plus petite prévenance ;... que de résignation, que de bonté, que d'affection j'ai trouvées en lui ! Dieu nous avait réunis comme pour me faire contempler de près un modèle de toutes les vertus. Qu'elle fut paisible cette mort du juste!.... J'étais à genoux contre son lit, priant Dieu de faire un miracle, de nous conserver notre ami ; je voyais son souffle devenir de plus en plus faible, je le voyais mourir,.. mourir loin des siens, loin d'une famille chérie. Ah ! Madame, j'ai bien souffert, j'ai bien pleuré!.....

Pauvre ami! Pendant les heures de fièvre, il ne cessait de prier, se félicitant d'être malade à Jérusalem, dans la ville où le Christ a tant souffert; et il en remerciait Dieu.... Le matin même du 2 novembre, je l'informai que j'allais communier à la grotte de Gethsémani et y prier pour mes parents défunts : « Je prierai, lui dis-je, pour ceux que j'ai aimés et qui sont morts ; je prierai aussi pour ceux qui vivent et que j'aime.... je prierai pour vous, n'est-ce pas ? » — « Oui, mon bon enfant, me dit-il, merci!.... priez pour moi. » Et il y avait dans ces paroles tant de tendresse, que je me sentis tout ému ; je m'avançai vers son lit, et il me serra la main avec effusion, en me répétant cet « adieu, mon bon enfant, » qui m'avait tant remué. Deux heures après, quand je rentrai, il se trouvait bien ; il sentait, disait-il, qu'il « entrait en convalescence! »

Moi qui, depuis huit jours, me réjouissais de lui souhaiter sa fête (1), et qui cherchais dans mon esprit ce que je pourrais faire qui lui fût agréable pour ce jour-là,... mon bouquet de fête, symbole de la paix dont il jouit, a été un rameau d'olivier, que j'allai cueillir sur le mont Sion, et que je déposai sur son cercueil....

M. l'abbé Wonner a dû, Madame, vous apprendre déjà quelques détails que j'ai peut-être répétés ici; je vous écris à la hâte au mo-

---

(1) Charles a été enterré le 4 novembre, jour auquel l'Eglise célèbre la fète de son saint patron.

ment de mon départ, pensant que vous serez heureuse, je veux dire
un peu consolée, en apprenant que la belle mort de votre frère a
frappé tout le monde d'admiration à Jérusalem : tous les Européens
de la ville et même une foule d'Arabes catholiques assistaient à son
enterrement.

J'espère être assez heureux pour vous revoir bientôt : nous cause-
rons alors bien au long de celui qui fut mon ami, et que je laisse, hélas,
en Terre-Sainte !....

Emile Gentil.

Ce recueil n'étant, comme on a eu soin de le dire, destiné qu'à
des personnes qui, toutes, partagent les sentiments, les regrets
douloureux et aussi les chrétiennes consolations de la famille du
cher défunt, il n'est besoin de transcrire ici aucun des nombreux
témoignages, publics ou particuliers, d'estime et d'affection ac-
cordés à sa mémoire. Ceux cependant auxquels ces pages s'adres-
sent, ne liront pas sans un pieux intérêt tout ce qui, venant de
Jérusalem même, se rattache à ces *Derniers Souvenirs* d'un ami.
C'est pourquoi on se décide à reproduire la lettre par laquelle
M. le Chancelier du Consulat de France notifie à la famille l'ir-
réparable perte qu'elle vient de faire; ainsi que celle du R. P.
gardien de Terre Sainte, chef de la communauté qui a donné au
mourant les derniers secours religieux.

Jérusalem, 10 novembre 1852.

Monsieur,

J'accomplis un pénible devoir en vous annonçant la mort de M. le
comte Charles du Coëtlosquet, décédé après avoir accompli son pieux
pèlerinage à Jérusalem, le 2 novembre, à 11 heures 1/4, entouré des
soins impuissants de l'art et muni des consolations de la religion....
J'ai assisté à ses derniers moments. Il s'est endormi sans souffrances

dans la paix éternelle. Le lendemain, son corps a été transporté à l'église du couvent des Franciscains et y est resté devant l'autel jusqu'au 4 au matin ; alors, après une Messe solennelle , il a été transporté au cimetière du mont Sion, accompagné de tous les Européens actuellement à Jérusalem.

Si quelque chose peut consoler sa famille d'une perte bien douloureuse, c'est l'idée que M. le comte du Coëtlosquet avait, peu de jours avant sa mort, accompli entièrement le rêve de toute sa vie, le pèlerinage d'un vrai chrétien aux Lieux Saints. Les Pères de Terre Sainte lui ont rendu les devoirs funèbres avec toute la solennité et les honneurs convenables à son rang et au nom qu'il portait.... M. Gentil, compagnon de voyage de M. du Coëtlosquet, et son concitoyen, s'est trouvé chargé des formalités qu'exige toujours un décès, et a bien voulu représenter la famille, dont il partage vivement la douleur.

Veuillez agréer, Monsieur, etc.

LEQUEUX,

Chancelier du Consulat de France à Jérusalem (1).

Jérusalem, Couvent de Saint-Sauveur,
16 novembre 1852.

Monsieur,

Cette lettre s'adresse naturellement au chef de la famille de M. le comte du Coëtlosquet, et, dans sa personne, à toute cette honorable famille. Hélas ! Monsieur, il m'est bien triste d'entrer en rapport avec vous par une nouvelle aussi douloureuse que celle de la mort de

______

(1) Dans une lettre d'affaires, adressée au vicomte Léon du Coëtlosquet, l'honorable consul de France, M. Botta, a voulu s'associer lui-même aux regrets causés, à Jérusalem comme en France, par le cruel événement du 2 novembre : « ... Je ne » chercherai pas, » dit-il, « à vous offrir des consolations, et je me bornerai à » vous dire que je partage votre douleur. Je n'ai connu M. votre frère que peu » d'instants, mais assez cependant pour l'estimer et le regretter. Il est mort en » chrétien, et nous ne devons pas plaindre son sort, mais plutôt désirer de finir » comme lui..... »

ce digne et bien-aimé parent! Nous nous mettons à la place de ceux qui ont vécu avec lui pendant des années, nous qui n'avons eu que quelques jours pour l'apprécier; et nous comprenons combien cette perte sera cruelle pour ceux et celles qui étaient habituellement édifiés de ses vertus, portés à Dieu et au bien par ses exemples, et consolés dans les peines de la vie par la douceur de son commerce, la bonté de son cœur, les épanchements de son âme toute angélique!

Ce peu de mots vous dit assez, Monsieur, que le saint défunt n'avait pas passé parmi nous comme un voyageur inaperçu; qu'il avait trouvé, dans le peu de temps que nous l'avons possédé ici, des âmes sympathiques à la sienne. Dans ce nombre, il est un de nos Pères, français comme vous et lui, qui avait eu sa confiance particulière, dont il s'est tenu pour trop honoré, et qui l'a pleuré, comme il le pleure encore, comme un frère, et le plus aimé des frères, tant la vertu, la foi, la piété à un degré si élevé qu'elles brillaient dans M. le comte du Coëtlosquet, font rapidement la conquête et de l'estime, et du respect, et de l'affection, et du dévouement, pour peu qu'on soit capable de les comprendre et de les goûter ?...

Nous avons fait, Dieu aidant, tout ce qui était au pouvoir de pauvres Franciscains,... pour M. du Coëtlosquet, soit vivant, soit mort : ni les soins qui dépendaient de nous, ni les honneurs funèbres qui lui étaient dus, ne lui ont manqué. Tout ce que Jérusalem contenait de Français s'est porté avec empressement à ses funérailles, à commencer par le digne et honorable consul de sa nation, M. Botta, accompagné de son chancelier, M. Lequeux. M. l'abbé d'Equevauvillier, chancelier du Patriarchat, lui a rendu un dernier devoir, le cœur comme nous pénétré d'une affliction qui ne l'est plus lorsqu'on songe aux éminentes vertus du défunt, et à la récompense qu'il a dû en trouver là-haut.... Le Révérend Père vicaire, en mon absence, a célébré le Saint-Sacrifice, avec la solennité convenable; et toute la communauté, Pères et Frères, a accompagné le noble et pieux pèlerin à sa dernière demeure. Il repose sur le célèbre *Mont de Sion*, si renommé dans les Ecritures, à quelques pas de ce *Cénacle*, où eut lieu la dernière Cène, où fut institué ce sacrement de l'Eucharistie, qu'il avait reçu une dernière fois, quelques jours avant sa mort, à Bethléem, auprès de la Crèche....

Je ne clôrai pas cette lettre sans rendre témoignage bien justement, au dévouement filial de M. Emile Gentil, le jeune compagnon de voyage de M. le comte. A la douleur qu'il a ressentie de sa perte, après les soins qu'il en avait eus, on eût dit un de ses plus proches parents, un fils...

Agréez, Monsieur, l'expression de la part sincère que je prends à la douleur qu'éprouvera votre respectable famille quand elle recevra cette lettre. Le Père Français est trop pénétré de cette perte, pour ne pas s'unir à moi dans le sentiment que j'exprime.

J'ai l'honneur, etc.

BERNARDINO DE MONTEFRANCO,
Custode de Terra Sancta.

Nancy, imprimerie de Vagner.